Magia b

CW01430001

&

Rituali

Una guida completa ai segreti e alle tecniche di streghe e negromanti per attirare Amore, Prosperità, Denaro e Salute.Scopri il potere della magia della mente, supera le difficoltà.

Di: Amelia Teije

Amelia Teije
Prima edizione: dicembre 2021

Responsabilità limitata - Esclusione di responsabilità

Si prega di notare che il contenuto di questo libro si basa sull'esperienza personale e su varie fonti di informazione ed è solo per uso personale.

Si prega di notare che le informazioni in questo documento sono solo a scopo educativo e di intrattenimento e non viene fornita o implicita alcuna garanzia di alcun tipo.

I lettori riconoscono che l'autore non è impegnato nel fornire consigli medici, dietetici, nutrizionali o professionali o nell'allenamento fisico. Consultare un medico, un nutrizionista o un dietologo prima di provare le tecniche descritte in questo libro.

Nulla in questo libro intende sostituire il buon senso, la consultazione medica o il consiglio professionale e ha solo lo scopo di informare.

Le tue circostanze particolari potrebbero non corrispondere all'esempio illustrato in questo libro; infatti, probabilmente non lo faranno.

Dovresti usare le informazioni in questo libro a tuo rischio. Il lettore è responsabile delle proprie azioni.

Le informazioni fornite in questo libro sono dichiarate veritiere e coerenti, nel senso che ogni responsabilità, in termini di disattenzione o altro, per qualsiasi uso o abuso delle politiche, dei processi o delle istruzioni in esso contenute è di esclusiva ed assoluta responsabilità del destinatario. lettore.

Leggendo questo libro, il lettore accetta che in nessun caso l'autore è responsabile per qualsiasi perdita, diretta o indiretta, subita a seguito dell'uso delle informazioni contenute in questo documento, inclusi, ma non limitati a, errori, omissioni o inesattezze

INDICE

Introduzione

La magia è un argomento vasto quanto la gioia che provo per il fatto che tu abbia comprato il mio libro. Ho fatto del mio meglio per catturare tutto ciò che so sulla magia bianca e sulla magia in generale qui, e posso dire con certezza che non rimarrete delusi.

Da tempi che non possiamo nemmeno immaginare, la magia non solo esiste ma è una parte fondamentale della storia umana. Ci sono molti eventi importanti nel mondo che in un modo o nell'altro sono legati alla magia.

In questo libro non solo troverai i dettagli più profondi e interessanti della magia nella storia dell'umanità, ma imparerai anche tutto ciò che riguarda la magia bianca, dai dettagli più elementari a quelli più complessi.

Se non sei un intenditore di magia, questo libro fa per te. Ma se sei un esperto, ti sentirai a tuo agio anche con quello che leggerai qui, perché imparerai dai concetti più elementari della magia bianca, a come eseguire rituali che possono essere eseguiti solo da esperti.

Quindi voglio solo darti il benvenuto in questo viaggio mistico tra concetti, storie, racconti, narrazioni di eventi reali e molti incantesimi e rituali in cui puoi ottenere ciò che vuoi attraverso la magia bianca.

1: Cos'è la magia bianca? Definizione del termine MAGIA e Antecedenti storici della magia bianca.

La magia bianca e la magia in generale sono una scienza sulla materia sottile. La magia bianca è magia buona, se così possiamo dire, mentre la magia nera è magia cattiva. Si occupa di cose buone e cattive. Ci sono molte nozioni di magia bianca e magia in generale. Uno di questi è l'uso del Divino per ragioni mercenarie o per sfruttare la conoscenza della materia sottile.

Un'altra nozione dice che la magia bianca è una scienza sul desiderio di conoscere il Divino. Forse, la seconda nozione descrive meglio l'essenza della magia bianca. La nostra vita è fatta di cose che possono essere interpretate come un mezzo di profitto. Ma viviamo per svilupparci e senza profitto o, per usare un eufemismo, senza interesse, non avremo bisogno di questa vita. Una preghiera implica anche un certo beneficio, che lo si voglia consapevolmente o inconsapevolmente.

Tutto in questo mondo è guidato dal bisogno delle persone di amare, svilupparsi, imparare, ecc. Quindi non dovremmo definire la magia bianca come magia buona, così come non dovremmo definire nessun altro tipo di magia come magia cattiva, a meno che ovviamente non contraddica gli standard morali, il buon senso, la morale, ecc.

Non sappiamo cosa accadrà se un cosiddetto mago bianco inizia a fare qualcosa di sbagliato, ma buono secondo lui. È importante quali conseguenze avrà. Questo è quando si tratta di aiutare gli altri. Lo stesso si può dire della magia che persegue scopi esclusivamente scientifici, cioè ampliare le conoscenze sulla materia sottile, ecc.

Sant'Agostino diceva che puoi fare quello che vuoi purché tu abbia amore per Dio nel tuo cuore. È semplice e non ci può essere allegoria o doppia interpretazione del suo consiglio. Quindi gli specialisti che affermano di essere professionisti della magia bianca o affermano di fare qualcosa di buono con la magia bianca. Puoi valutare intuitivamente la tua conoscenza della magia bianca e le tue capacità, perché le anime dello specialista di magia bianca e del suo paziente si incontrano per decidere se vale la pena provare o meno molto prima che al paziente venga in mente di andare da un mago. . Il fatto che i due si incontrino nella vita reale è già un buon risultato.

La magia è ovunque

Oggi puoi trovare annunci sui giornali che dicono qualcosa come "maestro di magia bianca" o "mago di una famiglia di maghi" o "il meglio del meglio".

Quindi, prima di scegliere a chi andare, siediti e medita per un po' cercando di capire quale è meglio per te. O meglio ancora, perché non imparare i rituali che devi fare da solo.

Le pubblicità ingannano le persone, quindi molti pazienti alla fine cambiano mago e quest'ultimo deve risolvere i problemi creati dal primo. Un annuncio pubblicitario può essere inserito da un truffatore o da un vero mago.

Un mago deve ascoltare attentamente il suo paziente e scoprire se il mago precedente ha fatto qualcosa e come ha influenzato il paziente. Gli specialisti di magia bianca sono buoni psicologi e iniziano ad aiutare i loro clienti fin dal primo consulto. Molte situazioni complesse possono essere risolte con l'aiuto dell'ipnosi, dell'ingresso, delle sessioni di chiaroveggenza, ecc.

Prima di tutto, tutte le fiabe sul potere di stregoni, streghe e maghi sono una bugia. Sfortunatamente, fino a un certo punto. Devi capire che, a differenza di ciò che mostrano nei film, i miracoli non accadono all'istante. Richiede tempo. Ad esempio, quando esegui un rituale di denaro, ricorda che i soldi non ti arriveranno in un giorno. Ci vorrà una settimana o anche un mese prima di notare qualche dollaro in più nel tuo portafoglio. Nessuno ti darà poteri magici. Dovresti meritarlo. C'è solo un modo per farlo: pratica, pratica, pratica. All'inizio, tieni un registro di tutti i tuoi esperimenti pratici e sogni (dovrebbero essere usati due diari separati).

Quindi, prima di continuare con i concetti e le definizioni di magia, ti daremo un consiglio di cui hai bisogno in questo momento: tieni un diario dei sogni.

Diario dei sogni

Quando immagini qualcosa, quando vedi qualcosa in un sogno (tutte le persone vedono i sogni), accade una delle quattro cose:

1. Realtà astrale. Quando lo studi, hai una lezione in base al tuo sviluppo spirituale, fisico e magico; lo stesso vale per la preparazione di queste lezioni. Si chiama "piano astrale". Imparerai di più sulla Kabbalah e altre interpretazioni magiche del piano astrale. -

2. Messaggio psicologico. Molte volte il tuo subconscio voleva comunicare qualcosa di importante alla tua coscienza ma tu non ascoltavi. La nostra mente subconscia può inviarci messaggi attraverso i nostri pensieri; è la base dell'analisi di Freud.

3. Gioca. La nostra mente può vagare senza meta e comunicare immagini fantasiose alla nostra coscienza.

4. Compilazione di quanto sopra.

Se non hai mai tenuto un diario, non preoccuparti. È molto semplice. Prendi un quaderno e una matita e mettili vicino al letto. Se non riesci a ricordare di aver sognato al mattino, puoi scrivere quanto segue: "Non volevo ricordare i miei sogni". Questo sarà sufficiente. All'inizio ricorderai solo una piccola parte del tuo sogno, solo un evento o una sensazione. Ma tra un mese ti preoccuperai se la tua nota sarà più corta di una pagina.

Ora, andiamo avanti con cos'è la magia e i suoi dettagli storici:

Storia della magia nelle visioni del mondo occidentale

La concezione occidentale della magia ha le sue radici nell'antica eredità giudaico-cristiana e greco-romana. La tradizione ha preso più forma nel Nord Europa durante il periodo medievale e moderno prima di diffondersi in altre parti del mondo attraverso l'esplorazione europea e il colonialismo dopo il 1500.

La visione della civiltà occidentale come storia del progresso include il paradigma magia-religione-scienza che traccia "l'ascesa" e il "declino" della magia e poi la religione, insieme al trionfo finale della scienza, un modello ora contestato dagli studiosi. Inoltre, le stesse origini della parola magia sollevano interrogativi sui modi in cui la religione di una persona è la magia di un'altra e viceversa.

Magia e mondo mediterraneo antico

La radice della parola magic (greco: mageia; latino: magic) deriva dal termine greco magoi, che si riferisce a una tribù di medie dimensioni in Persia e alla sua religione, lo zoroastrismo. La tradizione greco-romana sosteneva che i maghi possedessero una conoscenza arcana o segreta e la capacità di incanalare il potere di o attraverso una qualsiasi delle divinità politeiste, degli spiriti o degli antenati degli antichi pantheon.

In effetti, molte delle tradizioni associate alla magia nel mondo classico derivano dal fascino delle antiche credenze mediorientali e riguardano la necessità di contromagia contro la stregoneria. Incantesimi pronunciati da stregoni e diretti a dei, fuoco, sale e grano sono registrati in Mesopotamia e in Egitto.

Questi testi rivelano anche la pratica della negromanzia, invocando gli spiriti dei morti, che erano considerati l'ultima difesa contro la magia malvagia. I papiri greco-egizi dal I al IV secolo dC, ad esempio, comprendono ricette magiche che coinvolgono animali e sostanze animali, insieme a istruzioni per le preparazioni rituali necessarie per garantire l'efficacia degli incantesimi.

La divinazione assumeva molte forme, dall'arte etrusca dell'haruspicina (leggere le viscere dei sacrifici animali) alla pratica romana dell'omen (interpretazione del comportamento degli uccelli), ed era ampiamente praticata come mezzo per determinare i tempi propizi per svolgere determinate attività; ha spesso svolto un ruolo nel processo decisionale politico.

L'antica società romana era particolarmente preoccupata dalla stregoneria e dalla controstregoneria, gare associate allo sviluppo di nuove classi urbane competitive i cui membri dovevano fare affidamento sui propri sforzi, sia in termini materiali che magici, per sconfiggere i loro rivali e raggiungere il successo. .

L'ambivalenza nei confronti della magia si trasferì all'era paleocristiana dell'Impero Romano e dei suoi successivi eredi in Europa e Bisanzio. Nel Vangelo secondo Matteo, i Magi che apparvero alla nascita di Gesù Cristo erano sia stranieri persiani di concezione greco-romana che saggi astrologi.

Come praticanti di una religione straniera, sembravano convalidare il significato della nascita di Gesù. Tuttavia, il mago, forma singolare dei magi, ha una connotazione negativa nel Nuovo Testamento nel racconto di Simone il Mago (At 8,9-25), il mago che tentò di acquistare il potere miracoloso dei discepoli di Cristo. .

Nelle leggende cristiane europee medievali, la loro storia divenne una drammatica competizione tra la vera religione, con i suoi miracoli divini, e la falsa magia demoniaca, con le sue illusioni.

Tuttavia, la credenza nella realtà dei poteri occulti e la necessità di controrituali cristiani persisteva, ad esempio, nella credenza bizantina nel "malocchio" lanciato dagli invidiosi, che si pensava fosse ispirato dal diavolo e che I cristiani avevano bisogno di protezione attraverso la divinità.

Magia nell'Europa medievale

Durante il periodo della conversione dell'Europa al cristianesimo (c. 300-1050), la magia era fortemente identificata con il paganesimo, l'etichetta usata dai missionari cristiani per demonizzare le credenze religiose dei popoli celtici, germanici e scandinavi.

I leader della Chiesa si sono appropriati e cristianizzati simultaneamente delle credenze e delle pratiche indigene. Ad esempio, i rimedi medicinali trovati nei manoscritti monastici combinavano formule e riti cristiani con rituali popolari germanici per migliorare gli ingredienti naturali per curare i disturbi causati da veleni, attacchi elfici, possessioni demoniache o altre forze invisibili.

Un'altra pratica cristianizzata, la bibliomanzia (divinazione per selezione casuale di un testo biblico), è stata codificata nel Salterio divinatorio degli slavi ortodossi dell'XI secolo. Sebbene sia stata cooptata e condannata dai capi cristiani di questo periodo, la magia è sopravvissuta in un complesso rapporto con la religione dominante.

Processi di acculturazione simili si verificarono nelle successive conversioni in America Latina e in Africa, dove le credenze indigene nelle forze spirituali e nelle pratiche magiche coesistevano, a volte con disagio, con la teologia cristiana.

Nell'alta Europa medievale (c. 1050-1350), la battaglia tra religione e magia avvenne come lotta contro l'eresia, l'etichetta della chiesa per la fede cristiana pervertita. Si credeva che i maghi, come gli eretici, distorcessero o abusassero dei riti cristiani per compiere l'opera del diavolo.

Nel XV secolo, la credenza nella realtà dei patti umani con il Diavolo e dei poteri magici acquisiti attraverso di essi contribuì alla persecuzione di coloro che erano accusati di danneggiare gli altri con la loro magia. Anche nell'Alto Medioevo la demonizzazione di musulmani ed ebrei contribuì al sospetto dell'"altro".

I gruppi marginali venivano regolarmente accusati di macellazione rituale di bambini. Nei luridi resoconti della "calunnia del sangue", gli ebrei furono accusati di aver rubato bambini cristiani per il sacrificio. Accuse simili furono mosse contro le streghe dai cristiani e contro i cristiani dagli antichi romani.

Sebbene la magia fosse ampiamente condannata durante il Medioevo, spesso per ragioni politiche o sociali, la proliferazione di formule e libri magici dell'epoca indica la sua pratica diffusa in vari modi.

Richard Kieckhefer ha identificato due categorie principali di magia: la magia "bassa" include incantesimi (preghiere, benedizioni, incantesimi), amuleti e talismani protettivi, stregoneria (l'abuso della magia medica e protettiva), divinazione e astrologia popolare, inganni e magia medica. . attraverso erbe e animali; e la magia "alta" o intellettuale, include forme più dotte di astrologia, magia astrale, alchimia, libri di segreti e negromanzia.

Ci sono anche prove dell'interesse cortese per la magia, in particolare quella che coinvolge automi e pietre preziose. Inoltre, la magia fungeva da dispositivo letterario dell'epoca, evidenziando la presenza di Merlino nei romanzi arturiani.

Sebbene la magia europea medievale abbia conservato il suo senso di alterità prendendo a prestito da pratiche ebraiche e fonti scientifiche arabe, come il manuale di magia astrale di Picatrix, è stata anche ispirata dalla tradizione cristiana dominante. La negromanzia, ad esempio, usava riti e formule cristiane latine per costringere gli spiriti dei morti a obbedire.

Magia nell'Europa tardo medievale e moderna

Nel tardo Medioevo (c. 1350-1450) e nel primo periodo moderno (c. 1450-1750), la magia era considerata parte di un culto demoniaco diffuso e pericolosamente antisociale che includeva le pratiche condannate di stregoneria, negromanzia e stregoneria .

Gli eretici, le streghe e i maghi accusati erano soggetti a inquisizioni volte a scoprire queste connessioni di culto ea distruggere i mezzi di trasmissione (ad esempio, il rogo di libri condannati e/o le parti "colpevoli"). L'influente manuale Malleus maleficarum ("Il martello delle streghe", 1486) di Jacob Sprenger e Henry Krämer descrive la stregoneria in grande dettaglio (ad esempio, il Sabba delle streghe, un'assemblea di mezzanotte in alleanza con il diavolo); inoltre, questo volume spesso ristampato è responsabile dell'associazione misogina della stregoneria con le donne che diventa la caratteristica dominante nella prima età moderna.

Questa teoria della cospirazione della magia demoniaca ha contribuito alla prima "follia delle streghe" che si è verificata in un momento di crescente tensione tra magia, religione e scienza nascente.

Tuttavia, nonostante la persecuzione della magia "nera" e dei suoi presunti praticanti, in Europa persistevano forme di magia "bianca" ai confini tra magia, misticismo ed empirismo emergente.

Durante il Rinascimento ci fu un rinnovato interesse per le antiche pratiche mediorientali, il misticismo neoplatonico e i testi arabi sull'alchimia e l'astrologia. Pico della Mirandola cercò la conoscenza nascosta nella Kabbalah ebraica, una pratica mistica per scoprire i segreti divini contenuti nelle Scritture ebraiche scritte e non.

Marsilio Ficino ha studiato la magia astrale e il potere della musica per incanalare le influenze cosmiche, mentre Giordano Bruno ha esplorato le tradizioni mistiche dell'ermetismo, attingendo alle opere del leggendario profeta alessandrino del I-III secolo Ermete Trismegisto.

Sebbene generalmente tollerati perché le loro pratiche erano percepite come all'interno della principale tradizione ermetica giudaica e cristiana, i praticanti dell'alchimia erano talvolta considerati maghi malvagi che acquisivano la loro conoscenza attraverso un patto con il diavolo (come nelle leggende dello Splendore).

Quando le attività magiche degli intellettuali dilettanti si rivelavano, o apparivano, antisociali, i risultati erano più spesso attribuiti a semplice inganno, come nel caso del ciarlatano del XVIII secolo Alessandro, conte di Cagliostro (Giuseppe Balsamo).

Magia nelle tradizioni europee e nel mondo moderno

Il fascino europeo per le tradizioni magiche dell'antico Medio Oriente si è diffuso a quelle dell'Asia orientale e meridionale quando gli europei sono entrati in contatto con queste regioni nella prima età moderna.

L'orientalismo, come chiamò questo fenomeno il critico letterario e culturale Edward Said, affonda le sue radici nel senso di "altro" riscontrato nelle prime definizioni di magia (in particolare i maghi come stranieri persiani) e nell'inclinazione rinascimentale di egizi, ebrei, e materiali arabi.

Incuriositi dall'alterità esotica delle società orientali, i moderni filosofi europei sperimentarono il modello progressivo di magia-scienza-religione. Georg Wilhelm Friedrich Hegel, ad esempio, considerava l'India del XIX secolo una civiltà immatura, in parte perché la coscienza indù mancava delle categorie logiche che Hegel apprezzava.

Nelle moderne società occidentali prevale una visione del mondo "scientifica" popolare che suggerisce il trionfo della ragione umana.

Il razionalismo dell'Illuminismo e della Rivoluzione scientifica, ironicamente radicato negli esperimenti rinascimentali di magia e motivato in parte dal pragmatismo della Riforma, ha portato al moderno trionfo del ragionamento scientifico sulla magia, evidente, ad esempio, nelle rivelazioni. maghi come ciarlatani.

In particolare, gli spiriti rap, medium che "conversavano" con spiriti che rispondevano battendo su un tavolo, erano facilmente esposti come quelli che bussavano alla porta.

La magia popolare moderna è apparsa nel regno dell'intrattenimento, di solito come dispositivo di trama in storie e film, come trucchi diretti ai bambini e come misteriose illusioni di prestigio negli spettacoli di magia che deliziano le percezioni sensoriali del pubblico e sfidano le loro abilità. ragionamento.

Il fascino per la conoscenza occulta e i poteri mistici derivati da fonti non convenzionali o straniere persiste in Occidente nelle carte astrologiche dei giornali, nelle teorie degli alieni interplanetari e nelle cospirazioni governative per nasconderli, nei rituali nascosti in alcune religioni della Nuova Era e di interesse nelle pratiche tradizionali che hanno un sapore esoterico, come il feng shui (geomanzia, la pratica tradizionale asiatica di allineare tombe, case e templi con le forze cosmiche).

Questa persistenza suggerisce, in parte, l'impatto della globalizzazione sulle visioni del mondo postmoderne che sfidano il predominio di una modalità di razionalità strettamente scientifica.

Ora, senza tralasciare la storia della magia, tanto meno i suoi concetti, entriamo nel mondo dei principi generali della magia.

La magia e i suoi principi

Uno dei principi della magia, in effetti impiegato e sfruttato da alcuni dei suoi principali praticanti, è che gli spettatori non possono percepire correttamente gli effetti miracolosi a cui hanno assistito.

Forse i prestigiatori hanno sempre capito che quando gli spettatori sono in uno stato di stupore, la loro capacità di ricordare con precisione è diminuita. L'uso della psicologia, quindi, è una delle principali tecniche del prestigiatore, soprattutto nella pratica del depistaggio, in cui l'attenzione dello spettatore è diretta a un punto specifico determinato dall'esecutore.

La conoscenza dei principi scientifici, l'implementazione di ingegnosi dispositivi meccanici e l'impressionante abilità fisica sono anche strumenti essenziali del mago di successo.

Sebbene ci siano diversi riferimenti precedenti, la letteratura stampata sulla magia risale alla metà del XVI secolo e comprende migliaia di testi. Le descrizioni dell'arte possono essere tratte da categorie letterarie ampiamente divergenti: confutazioni della stregoneria che ritengono necessario smascherare i trucchi dei maghi; libri segreti, che possono includere non solo ricette per unguenti, metalli giapponesi, medicine e colori per artisti, ma anche alcuni semplici effetti magici; la letteratura dei teppisti, che può offrire spiegazioni sulle manovre di truffa usate dai personaggi picareschi; lavori di idraulica e ottica, che discutono i principi scientifici utilizzati dai prestigiatori; lavori di ricreazioni matematiche; e libri falsi venduti allo scopo di insegnare, o almeno rivelare ai curiosi,

*La scoperta della stregoneria di Reginald Scot*e The First Part of Clever and Pleasant Inventions di Jean Prevost, entrambi pubblicati nel 1584, rispettivamente a Londra e Lione, sono i testi seminali sulla magia. Queste prime descrizioni riflettono spettacoli di prestigio che probabilmente hanno avuto luogo decenni o addirittura centinaia di anni prima che fossero registrati, e questi libri forniscono la base per gran parte dei giochi di prestigio che sono ancora in uso oggi.

Nonostante la passione per la tassonomia all'interno della letteratura della professione, nessun elenco di illusioni universalmente accettato definisce l'arte del prestigiatore. SH Sharpe (1902-1992) ha presentato una classificazione rappresentativa di sei effetti fondamentali: produzione (ad esempio, una moneta appare in una mano precedentemente vuota); scomparsa (una donna è coperta con un telo e, tolta la coperta, la donna è scomparsa); trasformazione (un biglietto da un dollaro diventa un biglietto da cento dollari); trasposizione (l'asso di picche viene posizionato sopra un bicchiere e il tre di cuori sotto il bicchiere, e le carte si scambiano di posto); la sfida alle scienze naturali (una persona levita e sembra fluttuare nell'aria); e fenomeni mentali (lettura della mente).

Molte fonti, a cominciare dai primi lavori sulla magia, descrivono gli attributi comuni ai migliori praticanti dell'arte e descrivono in dettaglio le abilità che devono coltivare. Hocus Pocus Junior: l'anatomia del gioco di prestigio; oppure, l'Arte della Giocoleria... (1634) suggerisce quanto segue:

- Innanzitutto, devi avere uno spirito insolente e senza paura...
- In secondo luogo, è necessario disporre di un trasporto snello e pulito.

- Terzo, deve avere termini strani e parole enfatiche...
- Quarto, ... quei gesti corporei che possono distogliere lo sguardo dello spettatore da una contemplazione rigorosa e diligente del proprio modo di trasmettere.

Il grande mago francese Jean-Eugène Robert-Houdin (1805-1871) dichiarò: "Per avere successo come mago, tre cose sono essenziali: primo, abilità; secondo, destrezza; e terzo, la destrezza."

Ma ha anche evidenziato lo studio della scienza e l'applicazione delle sottigliezze mentali. Harry Kellar (1849-1922), il più famoso mago americano del primo Novecento, suggerì qualifiche meno convenzionali per il prestigiatore di successo: "Volontà, manualità, forza fisica, capacità di fare le cose automaticamente, un preciso, perfettamente ordinato e memoria praticamente automatica, e conoscenza di più lingue, più siamo meglio è".

Sebbene alcuni prestigiatori siano citati per nome nella prima letteratura, i resoconti dedicati a particolari maghi sono frammentari fino al XVIII secolo. Isaac Fawkes (m. 1731), il prestigiatore inglese da luna park, e Matthew Buchinger (1674-1739), "L'omino di Norimberga", che esibiva il classico effetto calice e palla anche se non aveva braccia o gambe, erano i migliori interpreti conosciuto nella prima metà del sec. Negli anni 1780, il mago italiano Chevalier Pinetti (1750-1800) aveva portato la magia in uno scenario teatrale, liberandolo da secoli di spettacoli itineranti nelle fiere di strada e nelle osterie.

Nel XIX secolo emersero due grandi maghi: il già citato Robert-Houdin, orologiaio che combinava un approccio scientifico alla magia con le grazie sociali di un gentiluomo e che è considerato il padre della magia moderna; e l'affascinante viennese Johann Nepomuk Hofzinser, un maestro sia di gadget fantasiosi che di giochi di prestigio originali, in particolare le carte da gioco.

21

Entrambi gli uomini si sono esibiti in piccoli ed eleganti teatri e hanno elevato l'arte ai suoi livelli più alti, rendendo l'esecuzione della magia praticabile per il bel mondo come un viaggio al balletto o all'opera.

All'inizio del XX secolo, la magia era una forma di successo di intrattenimento popolare. Spettacoli teatrali elaborati come quello dato da Alexander Herrmann (1844–96) negli Stati Uniti o John Nevil Maskelyne (1839–1917) e David Devant (1868–1941) a Londra divennero di gran moda. Nel 1903 Okito, T. Nelson Downs, Great Lafayette, Servais LeRoy, Paul Valadon, Howard Thurston e Horace Goldin, una vera e propria squadra di maghi famosi, apparvero contemporaneamente in diversi teatri di Londra.

Allo stesso tempo, Max Malini (1873-1942) viaggiò per il mondo offrendo spettacoli estemporanei in ambienti privati per membri dell'alta società e della nobiltà. Negli Stati Uniti, Harry Houdini si specializzò in un singolo aspetto dell'arte, l'escapologia - la rimozione di restrizioni come manette o camicie di forza - per diventare il più famoso praticante di magia nell'era del vaudeville, mentre Kellar, Thurston e Harry Blackstone, Sr. (1885-1965) si esibirono in grandi e popolari spettacoli itineranti.

Dopo un notevole calo della popolarità dell'illusione scenica, Doug Henning rinvigorì l'arte apparendo a Broadway negli anni '70 e aprendo la strada al successo dello spettacolo di magia di David Copperfield e alla stravaganza di Siegfried e Roy a Las Vegas. Quello che potrebbe essere stato il contributo più duraturo all'arte della magia nel XX secolo è stato il progresso della magia ravvicinata o del gioco di prestigio nelle esibizioni intime. Il massimo esponente di questo ramo della magia fu il canadese

La magia è una forma d'arte universale. Sebbene possa riflettere caratteristiche specifiche di nazionalità, etnia o religione, prospera a prescindere e si è sviluppata in modo indipendente in varie culture. È sopravvissuto a centinaia di anni di esposizione e banalizzazione.

Non importa quanto spesso e quanto egregiamente vengano rivelati i suoi segreti, il passare degli anni, un cambiamento di contesto e il potere di uno splendido artista possono riaccendere un vecchio principio per creare un miracolo di performance.

2: I vari tipi di Magia Bianca

Ora è il momento di parlare dei diversi tipi di magia. Cominciamo con la Kabbalah:

Cabala

Kabbalah, (ebraico: "Tradizione") era anche scritto Kabbalah, Kabbalah, Kabbalah, Kabbalah o Kabbalah, misticismo ebraico esoterico come appariva nel XII secolo e nei secoli successivi. La Kabbalah è sempre stata essenzialmente una tradizione orale, nel senso che l'iniziazione alle sue dottrine e pratiche è svolta da una guida personale per evitare i pericoli insiti nelle esperienze mistiche. La Cabala Esoterica è anche "tradizione" in quanto afferma la conoscenza segreta della Torah non scritta (rivelazione divina) che Dio ha comunicato a Mosè e ad Adamo.

Sebbene l'osservanza della Legge di Mosè rimanesse il principio fondamentale del giudaismo, la Cabala forniva un mezzo per avvicinarsi a Dio direttamente. Pertanto, ha dato all'ebraismo una dimensione religiosa le cui visioni mistiche di Dio erano considerate da alcuni come pericolosamente panteistiche ed eretiche.

Le prime radici della Kabbalah risalgono al misticismo Merkava. Cominciò a fiorire in Palestina nel I secolo d.C. e aveva come principale preoccupazione la contemplazione estatica e mistica del trono divino, o "carro" (merkava), visto in visione da Ezechiele, il profeta (Ezechiele 1).

Il più antico testo ebraico conosciuto sulla magia e la cosmologia, Sefer Yetzira ("Libro della creazione"), è apparso tra il III e il VI secolo. Ha spiegato la creazione come un processo che coinvolge i 10 numeri divini (sefirot; vedi sephirah) di Dio Creatore e le 22 lettere dell'alfabeto ebraico. Collettivamente, si diceva che costituissero i "32 Sentieri della Saggezza Segreta".

Un testo importante della prima Cabala fu il Sefer ha-bahir ("Libro della luminosità") del XII secolo, la cui influenza sullo sviluppo del misticismo esoterico ebraico e sull'ebraismo in generale fu profonda e duratura. I Bahir non solo interpretarono le sefirot come uno strumento per creare e sostenere l'universo, ma introdussero anche nel giudaismo nozioni come la trasmigrazione delle anime (gilgul) e rafforzarono le basi della Kabbalah, dotandola di un ampio simbolismo mistico.

Cabala spagnola

Nel secolo successivo, in Spagna apparve il Sefer ha-temuna ("Libro dell'Immagine") che avanzava la nozione di cicli cosmici, ciascuno dei quali fornisce un'interpretazione della Torah secondo un attributo divino. Di conseguenza, l'ebraismo non fu presentato come una religione di verità immutabili, ma come una religione per la quale si diceva che ogni ciclo, o eone, avesse una Torah diversa.

La Spagna produsse anche il famoso Sefer ha-zohar ("Libro dello splendore"), un libro che in alcuni ambienti era investito di una santità che rivaleggiava con quella della Torah stessa. Trattava del mistero della creazione e delle funzioni delle sefirot e offriva speculazioni mistiche sul male, la salvezza e l'anima.

Dopo la loro espulsione dalla Spagna nel 1492, gli ebrei furono più che mai assorbiti dalle speranze messianiche e dall'escatologia, e la Cabala ottenne un ampio sostegno.

Cabala lurianica

A metà del XVI secolo, il centro indiscusso della Kabbalah era Safed, in Galilea, dove uno dei più grandi cabalisti, Isaac ben Solomon Luria, trascorse gli ultimi anni della sua vita. Secondo Gershom Gerhard Scholem, un moderno studioso ebraico della Kabbalah, l'influenza di Luria fu seconda solo a quella del Sefer ha-zohar.

La Cabala luriana ha sviluppato diverse dottrine fondamentali: il "ritiro" (tzimtzum) della luce divina, creando così lo spazio primordiale; l'affondamento di particelle luminose nella materia (qellipot: "gusci"); e una "restaurazione cosmica" (tiqqun) che l'ebreo realizza attraverso un'intensa vita mistica e una lotta incessante contro il male.

Il cabalismo lurianico fu usato per giustificare lo shabbetaianesimo, un movimento messianico ebraico del XVII secolo.

La Cabala lurianica influenzò profondamente anche le dottrine del moderno assidianesimo, un movimento sociale e religioso che ebbe inizio nel XVIII secolo e che ancora oggi fiorisce in piccole ma importanti comunità ebraiche.

Voodoo

Il voodoo, una religione tradizionale afro-haitiana, è una visione del mondo che comprende filosofia, medicina, giustizia e religione. Il suo principio fondamentale è che tutto è spirito. Gli umani sono spiriti che abitano il mondo visibile.

Il mondo invisibile è popolato da Iwa (spiriti), mystè (misteri), anvizib (gli invisibili), zanj (angeli), e gli spiriti degli antenati e dei defunti di recente. Si crede che tutti questi spiriti vivano in una terra mitica chiamata Ginen, un'"Africa" cosmica.

Resta inteso che il Dio della Bibbia cristiana è il creatore sia dell'universo che degli spiriti; gli spiriti sono stati creati da Dio per aiutarlo a governare l'umanità e il mondo naturale.

Lo scopo e l'attività principale del vudù è sevi lwa ("servire gli spiriti"): offrire preghiere e compiere vari riti devozionali diretti a Dio e a spiriti particolari in cambio di salute, protezione e favore.

Il possesso dello spirito gioca un ruolo importante nella religione afro-haitiana, come in molte altre religioni del mondo. Durante i riti religiosi, i credenti a volte entrano in uno stato di trance in cui il devoto può mangiare e bere, eseguire danze stilizzate, dare consigli di ispirazione soprannaturale alle persone, o eseguire cure mediche o particolari gesta fisiche; questi atti mostrano la presenza incarnata dell'lwa all'interno del devoto in trance. L'attività rituale vudù (es. preghiera, canto, danza e gesti) mira a raffinare e ripristinare l'equilibrio e l'energia nelle relazioni tra le persone e tra le persone e gli spiriti del mondo invisibile.

Il voodoo è una tradizione orale praticata da famiglie allargate che ereditano gli spiriti familiari, insieme alle pratiche devozionali necessarie, dai loro anziani. Nelle città, le gerarchie locali di sacerdotesse o sacerdoti (manbo e oungan), "figli degli spiriti" (ounsi) e tamburini rituali (ountògi) comprendono "società" o "congregazioni" più formali (sosyete).

In queste congregazioni la conoscenza viene trasmessa attraverso un rituale di iniziazione (kanzo) in cui il corpo diventa il luogo della trasformazione spirituale. C'è una certa differenza regionale nella pratica rituale ad Haiti e i rami della religione includono Rada, Daome, Ibo, Nago, Dereal, Manding, Petwo e Kongo.

Non esiste una gerarchia centralizzata, nessun leader unico e nessun portavoce ufficiale, ma a volte vari gruppi cercano di creare tali strutture ufficiali. Esistono anche società segrete, chiamate Bizango o Sanpwèl, che svolgono una funzione religioso-legale.

Un calendario di feste rituali, sincronizzato con il calendario cattolico romano, fornisce il ritmo annuale della pratica religiosa. Gli importanti Iwa si celebrano nei giorni dei santi (ad esempio: Ogou il giorno di San Patrizio, 25 luglio; Ezili Danto alla festa della Madonna del Carmine, il 16 luglio; Danbala il giorno di San Patrizio, il 17 marzo; e gli spiriti degli antenati il 1° novembre e il 2 novembre.

Molte altre feste familiari (per i bambini sacri, per i poveri, per antenati particolari) così come iniziazioni e riti funebri si verificano durante tutto l'anno.

Magia celtica

I Celti, come tutte le altre razze, erano impegnati in pratiche magiche, molte delle quali potevano essere utilizzate da chiunque, sebbene, in generale, fossero nelle mani dei Druidi, che per molti aspetti erano poco più alti degli sciamani delle tribù barbariche .

Ma simili riti magici venivano attribuiti anche agli dei, ed è probabilmente per questo motivo che i Tuatha De Danann e molte delle divinità che compaiono nel Mabinogion sono descritti come maghi.

I re sono anche chiamati magi, forse per ricordare i poteri del re sacerdote. Ma poiché molti dei primi culti erano stati nelle mani delle donne, e poiché questi culti implicavano un ampio uso della magia, è possibile che siano stati i primi detentori della magia, sebbene, con l'ascesa della civiltà, gli uomini abbiano preso il loro posto come maghi.

Accanto ai druidi maghi, c'erano classi di donne che si dedicavano anch'esse alla magia, come abbiamo visto. I suoi poteri erano temuti, anche da San Patrizio, che classifica gli "incantesimi delle donne" accanto a quelli dei Druidi, e, in un racconto mitico, dal padre di Connla, che, quando il giovane era affascinato da una dea, temeva che sarebbe stato preso dagli "incantesimi delle donne" (brichta ban) [1093].

In altri racconti le donne compiono tutte le azioni magiche che altrove vengono attribuite ai Druidi. [1094] E dopo la morte dei Druidi, azioni simili - potere sul tempo, uso di amuleti e amuleti, mutamento di forma e invisibilità, ecc. - furono e sono tuttora in remote regioni celtiche attribuite alle streghe.

Tuttavia, si supponeva anche che gran parte dell'arte druidica fosse di proprietà di santi e chierici, sia in passato che in tempi recenti. Ma le donne rimasero maghe quando i druidi scomparvero, in parte a causa del conservatorismo femminile, in parte perché, anche in epoca pagana, avevano lavorato più o meno in segreto. Alla fine la Chiesa li proibì e li perseguì.

Ogni clan, tribù o regno aveva i suoi druidi che, in tempo di guerra, aiutavano i loro ospiti con l'arte magica. Ciò si riflette nei gruppi del ciclo mitologico, ognuno dei quali ha i suoi Druidi che giocano un ruolo non trascurabile nelle battaglie combattute. Sebbene Plinio riconosca le funzioni sacerdotali dei Druidi, le associa in gran parte alla magia e applica loro il nome di mago. [1095] Nella letteratura ecclesiastica irlandese, drui è usato come traduzione di magus, p. nel caso dei maghi egiziani, mentre i maghi sono usati nelle vite latine dei santi come l'equivalente dei druidi volgari. [1096] Nelle saghe e nei racconti popolari, Druidecht, "druidismo", significa "magia", e slat an draoichta, "bastone del druidismo", è una bacchetta magica. [1097] Si dice che i Tuatha De Danann abbiano imparato il "druidismo" dai quattro grandi maestri druidi della regione da cui erano venuti in Irlanda, e anche adesso, nei racconti popolari, sono spesso chiamati "Druidi" o "Druidi". Danan". [1098] Così, almeno in Irlanda, vi sono chiare prove del grande potere magico rivendicato dai Druidi.

Quel potere era in gran parte esercitato sugli elementi, alcuni dei quali i druidi affermavano di aver creato. Così, il druido Cathbad coprì la pianura attraverso la quale Deirdre stava fuggendo con "un mare di grandi onde". [1099] I Druidi producevano anche accecanti tempeste di neve, o trasformavano il giorno in notte, imprese loro attribuite anche nelle Vite dei Santi. [1100] Oppure scaricano "pioggia di fuoco" sulle schiere nemiche, come nel caso del druido Mag Ruith, che accese un fuoco magico e, volando verso di lui, lo diresse verso il nemico, il cui druido invano tentò di deviare [1101] Quando i Druidi di Cormac prosciugarono tutte le acque della terra, un altro Druido scoccò una freccia e dove cadde emise un torrente d'acqua. [1102].

Il druido Mathgen si vantava di poter scagliare montagne contro il nemico, e spesso i druidi facevano apparire alberi o pietre come uomini armati, scoraggiando così l'esercito nemico.

Potrebbero anche riempire l'aria con lo shock della battaglia o le orribili urla di cose soprannaturali. [1103] Analoghi poteri sono attribuiti ad altre persone. Le figlie di Calatin si alzarono in alto su un vento incantato e scoprirono Cuchulainn quando Cathbad lo nascose.

Successivamente hanno prodotto una nebbia magica per confondere l'eroe. [1104] Tali nebbie si verificano frequentemente nelle saghe, e in una di esse giunsero in Irlanda i Tuatha De Danann. Le sacerdotesse di Sena potevano risvegliare il mare e il vento con i loro incantesimi, e in seguito le streghe celtiche hanno rivendicato lo stesso potere.

Nelle sopravvivenze popolari, la pratica di far piovere è legata alle sorgenti sante, e anche ora, nella Francia rurale, le processioni ai santuari, solitamente collegate a un pozzo sacro, sono comuni nei periodi di siccità. Così, il popolo e il sacerdote si recano in processione alla fontana del Baranton, cantano inni e pregano per la pioggia. Poi il sacerdote immerge il piede nell'acqua o ne lancia un po' sugli scogli [1105].

In altri casi l'immagine di un santo viene portata a un pozzo e aspersa, come prima con le immagini divine, oppure le acque vengono colpite o gettate in aria [1106]. Un'altra usanza era che una vergine pulisse un pozzo sacro, e prima doveva essere nuda [1107].

La nudità fa anche parte di un antico rituale usato in Gallia. In tempi di siccità le ragazze del villaggio seguivano la vergine più giovane in stato di svestizione per cercare l'erba belinuntia. Lo sradicò, fu poi condotto a un fiume e lì spruzzato dagli altri.

In questo caso, asperging imitava la pioggia che cadeva ed era progettato per produrla automaticamente. Mentre alcuni di questi riti suggeriscono l'uso della magia da parte del popolo stesso, in altri la presenza del sacerdote cristiano indica il fatto che, prima, era necessario un druido come produttore di pioggia.

In alcuni casi, il sacerdote ha ereditato nei secoli i poteri del sacerdozio pagano per far piovere o sedare le tempeste, e spesso gli viene chiesto di esercitarli [1108].

Un primitivo pezzo di magia simpatica è registrato nei Dindsenchas di Rennes ed è ancora usato dai selvaggi. In questa storia, un uomo lancia incantesimi sulla sua lancia e la lancia nell'ombra del suo avversario, in modo che cada morto. [1121] Ugualmente primitivo è il druido che "manda" un filo di paglia sul quale il druido canta incantesimi e lo lancia in faccia alla sua vittima, facendola impazzire. Gli eschimesi di Angekok usano un metodo simile. Tutta la follia veniva generalmente attribuita a tale "spedizione".

Molti di questi casi hanno dimostrato l'uso di incantesimi e si credeva che il druido possedesse potenti incantesimi per confondere un nemico o produrre altri risultati magici. Fu adottata una postura particolare: in piedi su una gamba sola, con un braccio teso e un occhio chiuso, forse per concentrare la forza dell'incantesimo, [1122] ma il

30

potere risiedeva principalmente nelle parole pronunciate, come abbiamo visto discutendo le formule celtiche .di preghiera.

Tali incantesimi erano usati anche da Filid, o poeti, poiché la maggior parte della poesia primitiva ha un aspetto magico. Parte dell'addestramento del bardo consisteva nell'apprendere incantesimi tradizionali che, usati con il dovuto rituale, producevano il risultato magico. [1123]

Alcuni di questi incantesimi sono giunti prima della nostra conoscenza, e probabilmente alcuni dei versi che Cesare dice che i Druidi non si impegnano a scrivere erano della natura degli incantesimi. [1124]

La virtù dell'incantesimo risiedeva nella formula parlata, introducendo generalmente il nome di un dio o di uno spirito, poi santo, per procurare il loro intervento, attraverso il potere insito nel nome.

Altri incantesimi riguardano un effetto già prodotto, e questo, attraverso la magia mimetica, dovrebbe causare la sua ripetizione.

I primi documenti scritti sul paganesimo dei Celti dell'isola contengono un appello alla "scienza di Goibniu" per conservare il burro, e un altro, per la guarigione magica, dice: "Ammiro la guarigione che Diancecht ha lasciato nella sua famiglia, per portare la salute a coloro che ha aiutato."

Questi si trovano in un manoscritto dell'VIII o IX secolo e, con il loro richiamo agli dei pagani, erano evidentemente usati in epoca cristiana. [1125] La maggior parte della magia druidica era accompagnata da un incantesimo: trasformazione, invisibilità, potere sugli elementi e scoperta di cose o persone nascoste.

In altri casi, gli incantesimi venivano usati in medicina o per guarire ferite. Così, i Tuatha De Danann dissero ai Fomori che non avevano bisogno di opporsi a loro, perché i loro druidi avrebbero riportato in vita i morti, e quando Cuchulainn è stato ferito, abbiamo sentito parlare meno di medicine che di incantesimi usati per raffreddare il suo sangue. [1126] In altri casi, il druido poteva rimuovere la sterilità con incantesimi.

La sopravvivenza della credenza negli incantesimi tra i moderni popoli celtici è una prova convincente del loro uso in epoca pagana e fa luce sulla loro natura. In Bretagna, vengono tramandati in alcune famiglie e sono accuratamente protetti dalla conoscenza di altri. In essi ci sono i nomi dei santi invece degli antichi dei, ma in alcuni casi le malattie sono trattate come esseri personali.

Incantesimi simili si trovano nelle Highlands, spesso tramandati da uomo a donna e da donna a uomo. Sono anche di uso comune in Irlanda. Oltre a curare le malattie, si suppone che tali incantesimi causino fertilità o portino fortuna, o addirittura trasferiscano proprietà da altri a chi recita o, nel caso della magia più oscura, causino morte o malattia. [1127] In Irlanda, le streghe potevano "uccidere un uomo o una bestia", e questo ricorda il potere della satira sulle labbra di File o Druid. Ha sollevato macchie sul viso della vittima, o addirittura ha causato la sua morte.[1128]

Tra le razze primitive, la potente emozione interna colpisce il corpo in modi curiosi, e in questo potere tradizionale della satira o "rima" abbiamo probabilmente un riferimento esagerato a un evento reale.

In altri casi, la "maledizione della satira" colpì la natura, facendo affondare mari e fiumi [1129]. È possibile che si credesse che le satire dei bardi della Gallia, a cui fa riferimento Diodoro, possedessero poteri simili. [1130] I Filidi invece, nel pronunciare un giudizio iniquo, si trovavano il volto coperto di macchie [1131].

Un sogno magico è solitamente causato dalla musica delle saghe, p. Ad esempio dall'arpa Dagda, o dal ramo portato dai visitatori dell'Eliseo. [1132] Molte ninne nanne "fiabesche" per produrre sonno esistono ancora in Irlanda e nelle Highlands [1133].

Poiché la musica fa parte di tutte le religioni primitive, i suoi poteri calmanti sarebbero facilmente amplificati. Nei riti orgiastici provocava varie emozioni fino a quando il cantante e il danzatore caddero in un sonno profondo, e i racconti di coloro che si unirono a una danza fatata e si addormentarono, svegliandosi per scoprire che erano passati molti anni, sono estensioni mitiche del mondo, potere della musica, in tali culti orgiastici.

La musica del Filid aveva poteri simili a quelli dell'arpa Dagda, producendo risate, lacrime e un sonno delizioso, [1134] e i racconti popolari celtici abbondano in casi simili del fascino magico della musica.

Passiamo ora all'uso degli amuleti presso i Celti: alcuni di questi erano simbolici e avevano lo scopo di porre chi li indossava sotto la protezione del dio che simboleggiavano. Come si è visto, un dio celtico era simboleggiato da una ruota, probabilmente rappresentante il sole, e in Gallia e in Gran Bretagna sono stati ritrovati numerosi dischi di piccole ruote realizzati con materiali diversi. [1135]

Questi erano evidentemente usati come amuleti, mentre in altri casi venivano offerti a divinità fluviali, come molti si trovano in alvei o guadi. Il loro uso come amuleti protettivi è dimostrato da una stele che rappresenta una persona che indossa una collana alla quale è attaccata una di queste ruote.

Nei testi irlandesi un druido è chiamato Mag Ruith, spiegato come magus rotarum, perché faceva le sue osservazioni druidiche per mezzo di ruote. [1136] Ciò può indicare l'uso di tali amuleti in Irlanda.

Un curioso amuleto, imparentato con i Druidi, divenne famoso in epoca romana ed è descritto da Plinio. Questo era l'"uovo di serpente", formato dalla schiuma prodotta dai serpenti intrecciati. I serpenti lanciavano "l'uovo" in aria, e chi lo cercava doveva afferrarlo con il mantello prima che cadesse, e fuggire in un ruscello, oltre il quale i serpenti, come le streghe che inseguono Tam o' Shanter, non potevano .

Si credeva che questo "uovo" desse al suo proprietario l'accesso ai re o vincesse cause legali, e un cittadino romano fu condannato a morte durante il regno di Claudio per aver indossato un tale amuleto in tribunale. Plinio aveva visto questo "uovo".

Aveva le dimensioni di una mela, con la buccia cartilaginea ricoperta di dischi. [1137] Si trattava probabilmente di un equino fossile, come quello rinvenuto nelle tombe galliche. [1138] Queste "uova" erano indubbiamente legate al culto dei serpenti, o qualche antico mito di un uovo prodotto dai serpenti potrebbe essere stato usato per spiegare la loro formazione.

Ciò è più probabile, poiché gli anelli o le perle di vetro trovati nei tumuli funerari in Galles, Cornovaglia e Highlands sono chiamati "vetro serpente" (glain naidr) e si ritiene che siano formati allo stesso modo dell'"uovo". "Si ritiene che queste, così come le antiche spirali chiamate 'pietre di vipera' nelle Highlands, abbiano virtù magiche, ad esempio contro un morso di serpente, e siano molto apprezzate dai loro proprietari. [1139]

Plinio parla anche della credenza celtica nelle virtù magiche del corallo, sia usato come amuleto che preso come polvere come medicinale, mentre è stato dimostrato che i Celti per un periodo limitato della loro storia lo collocarono in armi e utensili, senza dubbio , come un amuleto. [1140] Altri amuleti, palline di marmo bianco, sassi di quarzo, modelli di dente di cinghiale o pezzi d'ambra, sono stati trovati sepolti con i morti. [1141] Come amuleti o immagini di questi animali divini si usavano figurine del cinghiale, del cavallo e del toro, con un anello per appenderli ad una collana, e si usavano anche amuleti fallici, forse come protezione contro il malocchio. [1142]

Un culto delle pietre era probabilmente legato alla credenza nel potere magico di alcune pietre, come Lia Fail, che urlò quando Conn la colpì. I loro druidi spiegarono che il numero di strilli era uguale al numero dei loro discendenti che avrebbero dovuto essere re di Erin. [1143] Si tratta di un mito eziologico che spiega l'uso di questa pietra feticcio nelle incoronazioni. Altre pietre, probabilmente oggetto di culto o in possesso di virtù magiche, erano usate nell'insediamento dei capi, che vi si trovavano e giuravano di seguire le orme dei loro predecessori, intagliando nella pietra un paio di piedi per rappresentare quelli di lui, primo capo. [1144]

Altre pietre avevano più virtù musicali: la "pietra cospicua" di Elysium da cui emergevano cento accordi, e la pietra melodiosa di Loch Laig. Tali credenze esistevano in epoca cristiana. L'altare di pietra di S. Colomba galleggiava sulle onde, e su di esso aveva attraversato un lebbroso al seguito della coppa del santo verso Erin. Ma la stessa pietra era quella su cui, molto tempo prima, era scivolato l'eroe Fionn. [1145]

Connesse al culto delle pietre sono osservanze magiche su rocce fisse o massi, probabilmente considerate la dimora di uno spirito. Queste osservanze sono originariamente preceltiche, ma erano praticate dai Celti.

Le ragazze scivolano giù da una pietra per ottenere un amante, le donne incinte per ottenere un parto facile, oppure il contatto con quelle pietre fa partorire le donne sterili o dona vitalità ai deboli. Di solito sulla pietra viene lasciata una piccola offerta. [1146] Riti simili sono praticati sui monumenti megalitici, e ancora una volta l'usanza è evidentemente di origine preceltica.

In questo caso ci si doveva aspettare che gli spiriti dei morti aiutassero gli scopi dei riti, o addirittura si incarnassero nei bambini nati a seguito del ricorso a queste pietre di donne sterili [1147]. A volte, quando lo scopo delle pietre è stato dimenticato e si attribuisce loro qualche altra origine leggendaria, l'usanza si adatta alla leggenda.

In Irlanda, molti dolmen sono conosciuti, non come luoghi di sepoltura, ma come "letti di Diarmaid e Grainne", i luoghi in cui dormivano questi amanti in fuga. Quindi, hanno poteri di fertilità e sono visitati da donne che desiderano avere figli. Il rito è quindi di magia compassionevole.

Dolmen forati o blocchi forati naturalmente vengono utilizzati per la cura magica della malattia sia in Bretagna che in Cornovaglia, facendo passare il paziente attraverso il foro. [1148] Riti simili sono usati con gli alberi, spesso si fa una fessura nel tronco di un albero giovane e un bambino malaticcio vi cammina attraverso.

La fessura viene quindi chiusa e legata, e se si unisce dopo un certo tempo, è la prova che il bambino si riprenderà. [1149] In questi riti si presumeva che lo spirito in pietra o albero aiutasse il processo di guarigione, o la malattia si trasferisse ad essi, o, ancora, vi fosse l'idea di una nuova nascita con la conseguente rinnovata vita, la atto che imitava il processo della nascita.

Questi riti non sono limitati alle regioni celtiche, ma appartengono a quell'uso universale della magia a cui i Celti partecipavano liberamente.

Poiché gli scrittori cristiani credevano fermamente nei poteri magici dei Druidi, per quanto aiutati dal diavolo, insegnavano che i santi cristiani li avevano miracolosamente sconfitti con le loro stesse armi. San Patrizio dissipò le tempeste di neve e l'oscurità provocate dai Druidi, o distrusse i Druidi che avevano portato il fuoco dal cielo.

Eventi simili sono attribuiti a S. Colomba e altri. [1150] La vittoria morale della Croce fu poi considerata anche una vittoria magica. Pertanto, anche le vite dei santi celtici sono piene di miracoli che sono semplicemente una riproduzione della magia druidica: controllare gli elementi, guarire, trasportare carboni ardenti senza ferirsi, confondere con le loro maledizioni, produrre invisibilità o mutare forma, rendere gelide le acque . Da un fiume caldo dimorando in loro nelle tue devozioni, o camminando illeso attraverso le tempeste più feroci. [1151] Ben presto furono considerati maghi più abili degli stessi Druidi. Potrebbero aver rivendicato poteri magici, o forse hanno usato l'astuzia naturale in modo tale da suggerire la magia.

Ma tutto il loro potere l'hanno attribuito a Cristo. "Cristo è il mio druido", il vero taumaturgo, disse S. Columba. Eppure erano immersi nelle superstizioni del loro tempo. Così San Colombano inviò una pietra bianca al re Brude a Inverness per la guarigione del suo druido Broichan, che bevve l'acqua versata su di essa e fu guarito. [1152] Simili virtù furono presto attribuite alle reliquie dei santi stessi, e più tardi, quando la maggior parte degli scozzesi smise di credere nei santi, credettero che i ministri della chiesa avessero poteri simili a quelli dei druidi pagani e dei santi cattolici.

I ministri levitavano, o brillavano di una luce celeste, o avevano doni di chiaroveggenza, o, con risultati disastrosi, maledicevano l'empio o ignorante prelatista. Profetizzavano, usavano espressioni di trance e esercitavano doni di guarigione. Gli angeli li servivano, come

Causare l'invisibilità per mezzo di un incantesimo chiamato feth fiada, che rendeva una persona invisibile o la nascondeva in una nebbia magica, era usato anche dai druidi e dai santi cristiani.

L'inno di San Patrizio, chiamato Faed Fiada, fu cantato da lui quando i suoi nemici erano in agguato, e suscitò in loro un fascino. L'incantesimo stesso, quinto-quinto, è ancora ricordato nelle valli delle Highlands. [1109] Nel caso di San Patrizio, lui ei suoi seguaci apparivano come cervi, e sia i druidi che le donne esercitavano questo potere mutaforma.

Il druido Fer Fidail ha preso una fanciulla nella forma di una donna, e un altro druido ha ingannato Cuchulainn nella forma della bella Niamh. [1110] Si dice che altri Druidi fossero in grado di assumere qualsiasi forma che piacesse loro. [1111] Questi poteri si riflettevano negli dei e nei personaggi mitici come Taliesin o Amairgen, che appaiono in molte forme.

Le sacerdotesse della Senna potevano assumere la forma di animali, e una Circe irlandese di Rennes Dindsenchas di nome Dalb la Rude trasformò tre uomini e le loro mogli in maiali attraverso i suoi incantesimi. [1112] Questo potere di trasformare gli altri è spesso descritto nelle saghe. I figliuoli di Lir furono trasformati in cigni dalla loro crudele matrigna; Saar, la madre di Oisin, è stata trasformata in un cerbiatto grazie al potere del druido Fear Doirche quando ha rifiutato il suo amore; e allo stesso modo Tuirrenn, madre dei cani di Oisin, fu trasformata in cane da caccia dalla fata amante del marito Iollann [1113].

In altri casi delle saghe, le donne appaiono come uccelli. [1114] Questi resoconti di trasformazione possono essere collegati al totemismo, perché quando questa istituzione è in declino, l'attuale credenza nel mutare forma è spesso usata per spiegare la prole degli animali o il tabù contro il consumo di certi animali.

In alcuni di questi racconti irlandesi mutaforma incontriamo questo tabù a cui si fa riferimento. Così, quando i figli di Lir si trasformarono in cigni, fu proclamato che nessuno avrebbe dovuto uccidere un cigno. La ragione di un tabù esistente sembrava essere sufficientemente spiegata quando si diceva che certi esseri umani si erano trasformati in cigni.

Non è impossibile che i druidi usassero la suggestione ipnotica per persuadere gli altri che avevano assunto un'altra forma, come sono noti per fare gli sciamani indiani rossi, o addirittura allucinare gli altri facendogli credere che la loro forma fosse stata cambiata.

Con un "sorso dell'oblio", i druidi e altri potrebbero far dimenticare anche i più cari. Così Cuchulainn fu costretto a dimenticare Fand e sua moglie Emer a dimenticare la sua gelosia [1115]. Questo ricorda le forti bevande a base di erbe che causavano allucinazioni, ad es. Ad esempio il cambio di forma.

In altri casi erano di natura narcotica e provocavano un sonno profondo, come nel caso della siccità che Grainne procurò a Fionn e ai suoi uomini [1116]. Ancora una volta, il "sogno druidico" suggerisce l'ipnotismo, praticato nell'antichità e anche dai selvaggi di oggi. Quando Bodb sospettò che sua figlia stesse mentendo, la gettò in un "sogno druidico", in cui rivelava il suo male [1117].

In altri casi, vengono lanciati incantesimi sulle persone per avere allucinazioni, o diventare immobili, oppure, "attraverso l'inganno degli indovini", le fanciulle perdono inconsapevolmente la castità [1118]. Questi puntano alla conoscenza dei metodi ipnotici di suggestione. O, ancora, un esercito spettrale si oppone alla forza di un nemico per il quale è un aspetto strabiliante, forse un'esagerazione dei poteri ipnotici naturali. [1119]

I druidi costruivano anche una "siepe", la druada dell'airbe, attorno a un esercito, magari circondandolo e lanciando incantesimi in modo che la forza attaccante non potesse sfondare. Se qualcuno fosse riuscito a saltare questa "siepe", l'incantesimo sarebbe stato rotto, ma avrebbe perso la vita. Ciò avvenne nella battaglia di Cul Dremne, nella quale S. Columba era presente e assisteva con le sue preghiere l'eroico saltatore [1120].

Altre Magie

Abbiamo anche, ovviamente, la magia nera, usata solo per scopi negativi, di cui questo libro non parla. C'è anche la magia verde, basata al 100% sulla natura. E tanti altri secondo fonti diverse. Qui mi sono concentrato solo su quelli più rilevanti.

3: Il potere della magia mentale e il suo effetto pratico sulla nostra coscienza e vita

Da questo momento entriamo in una fase più contemporanea nella storia della magia, qui vedremo tutti i campioni dei poteri magici della mente.

Da qui possiamo vedere le prove dei primi spettacoli di magia. Probabilmente stavano replicando ciò che i truffatori avevano già fatto per le strade, e poi hanno deciso di venderlo come spettacolo.

A questo punto sono emersi due tipi di personaggi.

I primi di questi due erano singoli individui o una coppia che si guadagnava da vivere come intrattenitori e ha fornito una notte di prodezze strabilianti e meravigliose.

Alcuni di loro incorporavano atti in stile Message Bearing, in cui l'atto principale, o il loro partner sul palco, canalizzava le risposte alle domande poste dai membri del pubblico. Questo è stato fatto in un modo molto simile a quello che abbiamo visto da molti sensitivi oggi in televisione: pensa a personaggi come John Edward e Sylvia Brown.

C'erano anche altre demo popolari che utilizzavano una varietà di altre imprese impressionanti, con atti che impiegavano chiaroveggenza, telepatia, ipnotismo e inganno che coinvolgevano atti in stile Master Mind (mente mnemonica, calcolatrice umana, macchina della verità, ecc.).

In alternativa, altri atti hanno dimostrato prestazioni utilizzando metodi simili, ma focalizzati su un approccio meno appariscente. Questi eventi erano diretti più al lato dello spettro "Shut Eye", così come al circuito delle conferenze. Il Lecture Circuit era un tipo di performance in cui c'erano dimostrazioni con l'accento sulla creazione di un'aria di autenticità.

Quest'ultimo di questi due stili rimane una modalità operativa estremamente popolare, evidente nell'abilità imprenditoriale del defunto Robert Nelson, così come di altri della stessa generazione.

Tuttavia, va notato che non tutti gli insegnanti di magia hanno adottato questa prospettiva; molti di loro si sono mossi verso la via della ricerca e della psicologia nel comportamento umano.

Competenze, tratti e scuole di pensiero

Mentre approfondiamo la nostra analisi del potere mentale, sarebbe un errore dimenticare quanto il mentalismo abbia in comune con l'effettivo sviluppo psichico. Tutto questo è prezioso affinché possiamo comprendere il valore della magia mentale nella nostra vita quotidiana. Per chi non lo sapesse, la maturazione di queste abilità dipende dalla capacità di migliorare costantemente la consapevolezza e il ricordo.

Oltre a questa progressione, un aspetto comunemente noto dello sviluppo è l'acquisizione delle conoscenze richieste sul forum psichico: una dedizione all'apprendimento di quali sono le diverse abilità psichiche, oltre ad avere una comprensione di prospettive più analitiche, inclusa la neurolinguistica e le sfumature e il linguaggio corporeo .

Il potere della mente dipende dalla credibilità e dai modi in cui le nostre affermazioni possono essere convalidate.

Il metodo di convalida più utile deriva dalla nostra integrazione delle informazioni esistente. Questo è il tipo di informazioni che possono essere trovate tramite Google o altri mezzi convenienti ed è quindi un ottimo candidato per il nostro pubblico da cercare prima o durante uno spettacolo dal vivo.

Coloro che scelgono di intraprendere il percorso più analitico (come la PNL) devono davvero a se stessi, al proprio mestiere e al proprio pubblico avere un quadro completo di ciò di cui stanno parlando.

Questo perché l'accesso a tale conoscenza è troppo facile da ottenere in questi giorni. In secondo luogo, viviamo in un'epoca in cui il pubblico è più istruito che mai nel corso della storia umana.

Scuole di pensiero

Come abbiamo detto prima, ci sono due principali scuole di pensiero da considerare quando si parla di potere:

La versione più antica di questa disciplina è in realtà una forma d'arte in cui l'artista traccia il confine tra il teatro e indossa un angolo che lo inquadra come un impostore.

Tuttavia, la differenza principale qui è che non stavano facendo pressioni sugli individui e li prendevano per tutto ciò che vale, come avrebbe fatto un truffatore.

Ci sono vari guru che prosperano sull'adorazione delle persone. L'uso di istanze come fermare l'orologio di qualcuno, per esempio, può essere l'impulso per la nostra dimostrazione delle nostre capacità latenti (cioè "il nostro potere psichico l'ha causato").

Ogni volta che ci esibiamo, agiamo in modo autentico, instillando nelle nostre pratiche il nostro senso di meraviglia e fede, mentre attiriamo il pubblico in modo coinvolgente. Questo permette loro di sentirsi più vicini a noi, diventando parte dell'incontro, investendo così nel nostro agire.

La maggior parte dei maghi della vecchia scuola tiene ancora letture private e feste in casa del PSI.

42

Tuttavia, contrariamente alla convinzione di molti, non è perché non possono trovare un lavoro nel mondo dello spettacolo, ma piuttosto: un caso di preferenza. Questo può comprendere una moltitudine di ragioni diverse, che vanno dall'avere credenze o ideali disallineati con la magia commerciale, al non voler partecipare al caotico mondo dello spettacolo (per non parlare della politica coinvolta).

La Scuola del Mentalismo

La nuovissima School of Mentalism può essere vista come due cose completamente diverse.

Da un lato, ci sono uomini di spettacolo che mostrano una distintiva sensazione di saggezza, fornendo spettacoli ad alta energia composti principalmente da Magia Mentale per il suo grande fascino.

Naturalmente, i sostenitori di questo stile hanno una mentalità molto imprenditoriale, portando l'azione divertente, gradevole e seducente al centro e al centro. L'altro vantaggio è che si tratta di un sistema con cui le persone si sentono al sicuro.

In alternativa, abbiamo gli atti più recenti emersi dallo tsunami della fine degli anni '90 avviati da artisti del calibro di David Blaine.

Osservando ciò che lui e i suoi contemporanei hanno effettivamente acquistato per l'arte, possiamo vedere che è costituito da una quantità significativa di magia bizzarra, combinata con la magia convenzionale e un pizzico di mentalismo.

Derren Brown è molto più concentrato sul lato del mentalismo, mentre Blaine ha integrato le sfaccettature dello yogi letterale più i riti sciamanici come parte della sua persona, risultando in un'espressione di misticismo che si collega particolarmente bene all'ideologia del Nuovo.

43

Criss Angel's ha sviluppato un personaggio più paragonabile al ragazzaccio del rock-n-roll, spesso considerato una sicura espressione di tabù culturali, ideale per i promotori che lottano per trovare un gancio che catturi l'interesse del pubblico.

Criss aveva già le basi per quel gancio, aveva solo bisogno che i professionisti lo aiutassero a radunarlo e sfruttarlo.

Abilità di magia mentale

Cosa dobbiamo fare per sviluppare la magia nella nostra mente?

Questa è la domanda che molti si pongono sul potere del cervello in molti forum. È abbastanza evidente (e non a caso) che quest'arte abbia trovato tanti disposti a seguirne le discipline.

Lettura fredda

Questa tecnica è un must. Come accennato in precedenza, ciò che il pubblico desidera di più è che il mago si prenda il tempo per parlarne.

Nonostante ciò che molti suppongono, l'idea di Reading People differisce sostanzialmente quando viene eseguita sul palco come parte di una sessione di domande e risposte o di un'interazione avanti e indietro rispetto a un incontro uno contro uno.

Un altro notevole praticante della lettura a freddo è Herb Dewey, il cui materiale tratta di metodi di lettura privati, tuttavia il suo approccio è più adatto a studenti di livello intermedio e avanzato.

Lo stesso vale per la maggior parte del lavoro di Gene Nelson e Ron Martin. Coloro che sono interessati a migliorare le proprie capacità di lettura al tavolo dovrebbero acquistare The Tarot Reader's Notebook (da Martin) e The Palm Readers Notebook.

Entrambi sono pieni di punti di vista pratici, tuttavia il taccuino del lettore di tarocchi ti darà un'idea di come funziona il mentalismo della vecchia scuola quando si considerano le letture. È spesso considerato uno dei lavori più importanti associati a questo set di abilità e al modo antico di fare le cose.

Il footwork è raccomandato anche per quanto riguarda l'uso di pendoli e strategie di rabdomanzia, l'inclinazione del tavolo e la manipolazione di dispositivi di tipo Séance come la Planchette o il tavolo OUIJA. Molti di questi elementi sono in realtà legati all'attività ideomotoria e alla pulsione subconscia.

Mentre Derren Brown è spesso riconosciuto come il primo artista a fare uso della lettura muscolare, è molto probabile che questo metodo abbia una storia significativamente più lunga, visti i casi in cui viene utilizzato nella leggenda.

Mentre gli scettici si sforzano di negare la sua validità, la rabdomanzia rimane un elemento fisso nelle operazioni di ingegneria civile e militare e ha una varietà di applicazioni utili, come il rilevamento delle mine antiuomo.

Si crede che la leggenda magica Channing Pollock abbia individuato grandi quantità di petrolio per il magnate del petrolio JP Getty mediante la rabdomanzia. Ciò è stato ottenuto utilizzando solo una mappa e un pendolo.

mnemonici

Per molti, per molto tempo, c'è stato un problema con questo particolare metodo di lavoro. Sviluppare un forte senso della memoria è molto importante.

Testi utili per studiare a riguardo sono The Memory Book di Harry Loraine & Jerry Lucas, un libro che è ancora citato come uno dei metodi migliori per migliorare la memoria.

Vari tipi di lettura

Ci sono alcune serie di abilità di osservazione, come la lettura delle labbra e la lettura del suono, che sono utili al mentalista moderno. Quando si tratta di approfondire le sfumature della vera lettura delle labbra, The Eyes Can Listen Too ha una serie di strategie utili.

Sfortunatamente, abilità come la matita e la lettura del suono richiedono molta osservazione.

La strategia è formulata nello stesso modo in cui molte persone usano per imparare a leggere i muscoli. Organizzare esperimenti per mettere in pratica questa abilità è un ottimo modo per farlo; L'atto in questione spesso dipenderà dall'assicurarsi di avere uno sbocco adeguato, un approccio alternativo che può essere impiegato nel caso in cui non si sia sicuri.

Tuttavia, il tuo obiettivo è indovinare in base agli stimoli intorno a te, in base alla vista o al suono, insieme a ciò che ti dice il tuo istinto.

Sottolineiamo l'idea di fidarci del proprio istinto, perché quando pensiamo troppo alle cose, rischiamo di complicare la situazione essendo razionali fino alla fine, quando in realtà l'impulso è molto più preciso in questo particolare tipo di situazione .

Non preoccuparti se non colpisci nel segno, va benissimo e stai solo sperimentando per scoprire cosa è esattamente possibile.

Spesso puoi recuperare riformulando i parametri dell'esperimento e utilizzando la tua strategia di emergenza.

Anche se questo può sembrare strano, aderire ai nostri metodi e alle nostre abitudini di pensiero è probabilmente il modo più veloce per indebolire entrambe queste abilità.

Se superi il mentalismo come puoi con qualsiasi altro trucco, non puoi applicare la giusta quantità di pensiero critico necessario per discernere "cosa è" e "cosa non è". Possiamo attenerci al concetto piuttosto che all'effetto che ha.

In breve, ci sono molti modi per sviluppare la mente per ottenere la magia che possiamo ottenere da essa.

4: Streghe-Maghi-Negromanti

Ora, appena prima di arrivare alla parte più emozionante di questo libro, dove ti parlerò di tutti i tipi di incantesimi, sia per esperti che per principianti, è tempo per noi di entrare nell'argomento di coloro che praticano la magia. Cominciamo parlando delle Streghe:

streghe

Chiedi a qualsiasi bambino occidentale di disegnare una strega e molto probabilmente inventerà qualcosa di familiare - molto probabilmente una strega dal naso adunco che indossa un cappello a punta, che cavalca una scopa o mescola un calderone. Ma da dove viene questa immagine? La risposta è più affascinante e complessa di quanto si possa pensare, come ho scoperto la scorsa settimana quando ho visitato Witches and Wicked Bodies, una nuova mostra al British Museum di Londra che esplora l'iconografia della stregoneria.

Le streghe hanno una storia lunga ed elaborata. I suoi precursori compaiono nella Bibbia, nella storia del re Saul che consulta la cosiddetta Strega di Endor. Appaiono anche nell'era classica sotto forma di arpie alate e "strigidi" simili a gufi stridenti, terrificanti creature volanti che predavano la carne dei bambini.

Circe, la maga della mitologia greca, era una specie di strega, capace di trasformare i suoi nemici in maiali. Anche sua nipote Medea. Il mondo antico, quindi, era responsabile della creazione di una serie di tropi che nei secoli successivi sarebbero stati associati alle streghe.

Tuttavia, non è stato fino al primo Rinascimento che la nostra moderna percezione della strega ha preso davvero forma. E un uomo del tempo forse ha fatto più di chiunque altro per definire il modo in cui ancora oggi immaginiamo le streghe: il pittore e incisore tedesco Albrecht Dürer.

Doppio problema

In un paio di stampe molto influenti, Dürer ha determinato quello che sarebbe diventato il doppio stereotipo dell'aspetto di una strega. Da un lato, come in Le quattro streghe (1497), poteva essere giovane, nubile e flessuoso, il suo fascino fisico capace di ammaliare gli uomini. D'altra parte, come in The Witch Riding Her Back on a Goat (c 1500), potrebbe essere vecchio e orribile.

L'ultima incisione presenta una vecchia nuda seduta su una capra cornuta, simbolo del diavolo. I suoi seni sono raggrinziti e cadenti, la sua bocca è aperta mentre urla incantesimi e maledizioni, e i suoi capelli selvaggi e spazzati dal vento scorrono innaturalmente nella direzione del suo viaggio (un segno dei suoi poteri magici). Sta persino afferrando un manico di scopa. Ecco la matriarca delle streghe che ritroviamo oggi nella cultura popolare.

Per gli storici dell'arte, tuttavia, la domanda interessante è cosa abbia fornito agli artisti del Rinascimento il modello per questa visione raccapricciante. Una teoria è che Dürer e i suoi contemporanei siano stati ispirati dalla personificazione dell'Invidia come concepita dall'artista italiano Andrea Mantegna (c 1431-1506) nella sua incisione La battaglia degli dei del mare.

"La figura dell'invidia di Mantegna ha formato una sorta di richiamo rinascimentale per la strega come un'orribile vecchia megera", spiega l'artista e scrittrice Deanna Petherbridge, che ha co-curato la mostra al British Museum. "L'invidia era emaciata, i suoi seni non erano più buoni, quindi era gelosa delle donne, attaccava i bambini e li mangiava. Aveva spesso serpenti per capelli».

Un buon esempio di questo tipo di strega invidiosa può essere visto in un'incisione italiana straordinariamente intensa conosciuta come Lo Stregozzo (La processione della strega) (1520 ca). Qui, una strega malvagia con la bocca aperta, i capelli arruffati e i fiocchi di neve imbottiti afferra una pentola (o calderone) fumante e assembla uno scheletro mostruoso e fantastico. La sua mano destra raggiunge la testa di un bambino dal mucchio di bambini ai suoi piedi.

Questa incisione è stata prodotta durante l'"età d'oro" delle immagini della stregoneria - i tumultuosi XVI e XVII secolo, quando feroci processi alle streghe sconvolsero l'Europa (il picco della caccia alle streghe durò dal 1550 al 1630). "In tutta Europa c'erano la Riforma e la Controriforma, la Guerra dei Trent'anni, una povertà fantastica e un cambiamento sociale", dice Petherbridge. Anche King James nel suo testo Daemonologie [1597] si chiedeva: perché c'era una tale proliferazione di streghe? Tutti pensavano che fosse perché il mondo era diventato così sporco che stava per finire".

Di conseguenza, ci fu un'inondazione di immagini di stregoneria brutalmente misogine e gli artisti approfittarono dell'invenzione della stampa per diffondere materiale rapidamente e ampiamente. "Witchcraft è strettamente legato alla rivoluzione della stampa", spiega Petherbridge. Molte di queste stampe, come la potente xilografia a colori Witches' Sabbath (1510) dell'allievo di Dürer Hans Baldung Grien, possono essere viste nella mostra del British Museum.

Nel XVIII secolo, tuttavia, le streghe non erano più considerate una minaccia. Invece, erano intesi come l'immaginazione superstiziosa dei contadini. Tuttavia, ciò non ha impedito a grandi artisti come Goya di rappresentarli.

Los Caprichos, la collezione di Goya di 80 stampe stravaganti (o stravaganti) del 1799, usa sia streghe che folletti, demoni e mostri come veicoli per la satira. "Goya usa la stregoneria metaforicamente per sottolineare i mali della società", dice Petherbridge. "Le sue incisioni riguardano in realtà cose sociali: avidità, guerra, corruzione del clero".

Goya non credeva nella realtà letterale delle streghe, ma le sue incisioni rimangono tra le più potenti immagini di stregoneria mai realizzate. La tavola 68 di Los Caprichos è particolarmente memorabile: una strega rugosa insegna a una giovane strega attraente come far volare una scopa. Sono entrambi nudi, e l'impressione doveva essere sicuramente oscena: lo spagnolo 'volar' (volare) è gergale per avere un orgasmo.

Nello stesso periodo, gli artisti che lavoravano in Inghilterra erano in voga per la rappresentazione di scene teatrali di stregoneria. L'artista svizzero Henry Fuseli, ad esempio, ha realizzato diverse versioni del famoso momento in cui Macbeth incontra per la prima volta le tre streghe nella landa desolata.

Tuttavia, ormai l'arte della stregoneria era in declino. Mancava la strana forza immaginativa che aveva animato il genere nei secoli precedenti. Nel XIX secolo, sia i preraffaelliti che i simbolisti furono attratti dalla figura della strega, che riformularono come una donna fatale. Ma le sue sinistre seduttrici appartengono probabilmente più al regno della fantasia sessuale che all'arte alta.

L'unica costante nella storia dell'arte della stregoneria è la misoginia. Come donna, come si sente Peterbridge? "All'inizio, quando ho guardato queste immagini, ero piuttosto angosciata perché sono così vecchie", dice. "Certo, ora ho smesso di essere scioccato da loro, e penso che si siano salvati con il loro eccesso, la satira e l'invenzione.

Gli artisti erano spesso attratti da queste scene perché offrivano drammi. Erano liberi di spiegare le ali e pensare a tutti i tipi di strane immagini. Sì, queste scene rappresentano la demonizzazione delle donne. Ma sono spesso strettamente legati alla critica sociale. Le streghe sono i capri espiatori su cui si proietta il male della società".

È ciò che le streghe sono state nel corso della storia dell'umanità. Passiamo ora ai maghi:

maghi

A questo punto parleremo sia di maghi che di stregoni. Sono piuttosto alla moda, grazie a personaggi come Gandalf ne Il Signore degli Anelli, o Geralt, della serie Netflix The Witcher.

Un mago è qualcuno che si è allenato mentalmente e fisicamente per anni, ha imparato l'alchimia, ha imparato a cacciare mostri e alla fine è mutato attraverso una serie di esperimenti disumani che li rendono potenti utilizzatori di magia e assassini. Eppure questo graffia solo la superficie.

il scelto

Questo è il primo e forse il più importante passo per diventare un mago. Gli apprendisti imparano a maneggiare correttamente spade e armi. Imparano a combattere un nemico, sia esso un uomo o una bestia. Imparano lo stile di vita e le differenze alimentari necessarie per diventare un mago, e imparano l'alchimia per creare veleni per le bestie e pozioni curative per la battaglia. Anche un apprendista stregone è un potente guerriero. Imparano a usare pozioni che aumentano le loro abilità e incantesimi di combattimento magici chiamati segni. Ma questo non è abbastanza.

Un apprendista deve scegliere di diventare uno stregone. Non si può progredire per diventare un vero stregone a meno che non si scelga di farlo.

Il test delle erbe

La Prova delle Erbe è un esperimento alchemico incredibilmente doloroso e pericoloso che distrugge il corpo. Chi si sottopone al Test delle Erbe viene legato a un tavolo e costretto a bere una serie di sostanze chimiche pericolose. Una volta che le sostanze chimiche distruggono il corpo, può mutare e diventare più forte. Usando "funghi mutageni, erbe e stimolanti vegetali, i corpi dei giovani apprendisti hanno sviluppato una velocità e una resistenza sovrumane". Il tuo nuovo corpo è immune alla maggior parte delle malattie, agli occhi felini e ai sensi intensificati.

Un futuro mago deve cercare gli ingredienti necessari per il Sentiero delle Erbe. Nel gioco, devi acquisire i seguenti ingredienti: 1 liquido cerebrospinale, 1 ghiandola velenosa mantacore, 1 lingua albino bruxa, 1 bryonia, 1 ribleaf e 1 radice di mandragora. Nessuno di questi ingredienti è prontamente disponibile, ma se riesci ad ottenerli, potresti sopravvivere alla Prova delle Erbe.

La prova dei sogni

Poco si sa del Dream Test, tranne che per i suoi effetti. Continua a mutare gli occhi, il midollo osseo e gli ormoni. Aiuta a differenziare i maghi dal resto dell'umanità e li spinge oltre il loro punto di rottura. Se The Pasture Test acuisce i sensi, The Dream Test li fa volare. Poiché il test delle erbe è puramente chimico, il misterioso test dei sogni è probabilmente magico.

Il giudizio delle montagne

La prova delle montagne è la prova finale per vedere se si può sopravvivere come maghi, ed è così semplice come sembra. Sopravvivere In montagna. Le montagne, ovviamente, che circondano Kaer Morhen, o qualsiasi angolo del mondo in cui i primi stregoni sono stati banditi. È pericoloso e non importa quanto siano intensi i tuoi sensi o quanto potenti siano le tue pozioni, le montagne e le creature intorno a te possono ucciderti.

Tutte queste concezioni sono più legate ai maghi celtici. Naturalmente puoi trovare maghi con altre tradizioni.

Negromanti

In questo tipo di praticanti di magia non ho intenzione di estendermi troppo perché vanno più con la magia nera che con la magia bianca.

I suoi praticanti erano abili maghi che usavano un cerchio consacrato in qualche luogo desolato, spesso un cimitero, per allontanare l'ira degli spiriti dei morti. In caso di morte prematura o violenta, si pensava che il cadavere conservasse una certa misura di vitalità inutilizzata, quindi l'uso di parti di cadavere come ingredienti per incantesimi divenne un'importante tecnica di stregoneria.

La negromanzia era particolarmente popolare nel Medioevo e nel Rinascimento, e le sue tentazioni e pericoli sono vividamente descritti nelle storie del Faust di Christopher Marlowe e Johann Wolfgang von Goethe.

Attualmente molte persone praticano questo, in alcune località dell'America Latina vengono chiamati "Paleros" a coloro che estraggono ossa dai cimiteri per eseguire rituali con detti resti umani.

5: Iniziazione

Iniziazione significa "inizio". Questo inizio può essere l'iniziazione di qualcosa o l'iniziazione a qualcosa. Se vuoi diventare un mago, devi iniziare con la magia. L'iniziazione alla magia è il momento in cui ti impegni esplicitamente ad adempiere a due obblighi: realizzare il tuo potenziale individuale e servire le altre persone con tutto ciò che hai.

Questi due temi esprimono la Grande Opera. se hai il coraggio, la magia ti mette sulla corsia di sorpasso per realizzare questo fatto e quindi renderti migliore in quello che fai. Ricorda che la medicina, la conoscenza della guarigione, è una branca della magia.

Fai attenzione a non leggere troppo su nessuno di questi obblighi. Il suo significato si sviluppa lentamente per tutta la vita. Ma ricorda che sono un atto unico. Trascorrere ore in meditazione e studio esoterico sembra egoistico a coloro che pensano di sapere meglio cosa fare; Ma queste cose sono esattamente le cose di cui hai bisogno per realizzare il tuo potenziale, solo allora saprai cosa devi dare. Non può essere servito nell'ignoranza. Quando inizi a sentirti sacrificabile, stai seguendo gli ordini di qualcun altro, ma questo potrebbe anche essere il momento in cui fai la svolta.

Al contrario, fare volontariato in una mensa per i poveri o in un rifugio può aprirti a parti del tuo potenziale che altrimenti non potresti scoprire. Non puoi esercitare compassione nella Posizione del Loto.

L'iniziazione, quindi, è il momento in cui decidi di intraprendere la Grande Opera. L'obiettivo di un rituale di iniziazione è "far girare la palla". Questa è una frase appropriata, perché implica che anche se fai la mossa iniziale, presto inizierai a rotolare da solo.

L'iniziazione magica è così: chiedi di essere iniziato e fai il primo gesto: saprai di avere successo quando smetterai di spingere e ti ritroverai a correre solo per stare al passo.

Ogni sistema magico esiste perché qualcuno ha ottenuto l'iniziazione e, guardandosi indietro, ha raccontato ciò che ha visto. Ma non tutti quelli che diventano insegnanti insegnano il loro sistema, alcuni non sanno nemmeno di avere un sistema, invece quelli che lo fanno entrano a far parte di una scuola o fondano una scuola.

Ogni tradizione religiosa ha un sistema: più a lungo persiste, più è ricca. Ma ogni studente, ogni insegnante, interagisce con altri studenti e insegnanti (sono gli stessi), quindi è impossibile dire che la scuola sia nativa di una tradizione.

Gli interpreti di sistemi professionisti, che si guadagnano da vivere con le divisioni, devono negarlo, ma tutti i sistemi sono uguali. Questo è semplice da spiegare: tutte le persone sono uguali. Ciò che distingue i sistemi, e ciò che conta nella scelta iniziale di un sistema, sono le stesse sottili differenze che ti rendono diverso dagli altri: il fatto della diversità infinita.

Tuttavia, il caos apparente, o la differenza infinita, forma schemi; alcuni di questi modelli sono le culture dell'umanità.

Molte persone passeranno facilmente dalla loro religione alla tradizione esoterica della loro religione. Nella moderna cultura aziendale non è così facile. Gli individui devono scegliere tra le tante tradizioni che vengono vendute sul mercato.

Con una tale varietà di opzioni, è difficile non pensare "Forse il Tantra tibetano è migliore del Buddismo Theravada" e poi, pochi giorni dopo, "Forse il Sufismo è una tradizione più autentica della Kabbalah".

Ma non arriverai mai da nessuna parte saltando di libro in libro, di insegnante in insegnante, di classe in classe, dallo yoga al ta'i chi, dalla magia sessuale alle diete macrobiotiche, dal processo alla regressione della vita passata. .

Il motivo è che tutte queste tradizioni sono autentiche e portano tutte a un successo rapido e immediato, ma solo se sei autentico, se sai già cosa sta succedendo. L'autenticità è il semplice riconoscimento che tutte queste strade, tutti questi colori brillanti così accuratamente confezionati sullo scaffale, tutti questi insegnanti che sorridono con la tranquilla certezza del successo, riconducono a un'unica fonte: il tuo stesso cuore.

Nel contesto di una vita in cui probabilmente hai rinunciato alla tradizione della tua infanzia, o in cui potresti non aver avuto affatto una tale tradizione, devi imparare a sentire e fidarti un po' del tuo cuore per prendere una decisione che desideri . , può essere fedele. Per questo motivo, ogni tradizione richiede che tu abbia un periodo di introspezione prima che ti accettino. Rimanere autentico è la promessa che fai alla tua iniziazione.

Quando hai fatto la tua scelta, devi renderla difficile da dimenticare. Questa è la ragione principale dei rituali di induzione formale alla tradizione. Più ardua è la tua iniziazione, meno è probabile che dimenticherai il tuo giuramento. E il fatto che tu abbia intrapreso la procedura difficile e simbolica mostrerà a coloro che guidano l'iniziazione che fai sul serio. Questo è vero sia per l'iniziazione a una società visibile che per l'iniziazione a una società invisibile, come l'autoiniziazione. Non sei davvero solo.

La seguente iniziazione si basa sulla tradizione babilonese. Ma ricorda che tutti i sistemi portano allo stesso obiettivo. In quanto tale, questa autoiniziazione può essere utilizzata per dedicarsi al sentiero della magia in generale.

In altre parole, non hai bisogno di altro che del tuo desiderio per essere un mago, per poter iniziare nell'interessante e meraviglioso mondo della magia bianca.

6: Rituali d'amore

L'amore è il sentimento più seducente e seducente del mondo. Quando le persone sono innamorate, dimenticano il mondo e si preoccupano solo dei loro cari. Gli uccelli dell'amore tendono a fare di tutto per i loro partner. Possono persino passare attraverso la morte per i loro cari o persino prendere una pallottola per loro.

Tuttavia, non possono tollerare nulla di male o una terza persona nella relazione. Fanno tutto ciò che è in loro potere per far funzionare la loro relazione. Le lotte, gli sforzi, l'affetto, la cura e l'amore sono reali ma a volte le relazioni non vanno così bene. Ovviamente ogni relazione ha dei problemi. Ma le coppie sagge risolvono le cose insieme. Se l'altra persona non è disposta a risolvere la questione, non ha altra scelta che lanciare un incantesimo d'amore.

Un incantesimo d'amore non solo risolve la questione in corso, ma rafforza anche il legame tra le due persone. Gli incantesimi d'amore aumentano l'amore tra la coppia e li rendono più vicini che mai.

Alcune persone non credono negli incantesimi d'amore, ma per alcune persone questi incantesimi d'amore funzionano e ci credono anche loro. È stato riferito che gli incantesimi d'amore funzionano per molte persone e hanno rafforzato le loro relazioni con i loro partner. Gli incantesimi d'amore sono diversi dagli incantesimi magici in quanto gli incantesimi d'amore non causano danni all'altra persona.

Lanciare un incantesimo d'amore richiede molto coraggio e fiducia, poiché c'è il rischio di essere scoperti o il rischio di commettere un errore quando si lancia un incantesimo d'amore.

Fare un errore con un incantesimo d'amore può avere conseguenze negative e persino far allontanare il tuo partner da te. Alcuni incantesimi d'amore funzionano mentre altri no.

Prima di lanciare un incantesimo d'amore, hai bisogno di un'adeguata consulenza da parte di un esperto nel lanciare incantesimi d'amore. Inoltre, devi fare molte ricerche per vedere se gli incantesimi d'amore funzionano davvero. Alcuni incantesimi d'amore non hanno assolutamente risultati. In breve, hai bisogno di una guida adeguata su come usare gli incantesimi d'amore.

Ci sono molti diversi tipi di incantesimi d'amore. Alcuni incantesimi d'amore sono per sviluppare l'attrazione, mentre alcuni incantesimi d'amore sono incantesimi di seduzione e alcuni incantesimi d'amore sono incantesimi dell'anima gemella. Tuttavia, tutti gli incantesimi d'amore hanno lo stesso motivo, per ottenere la persona che ami veramente.

Ecco una guida passo passo su come usare per lanciare diversi incantesimi d'amore sul tuo partner.

Ama te stesso per poter amare gli altri

È importante proteggere te stesso e la persona su cui stai lanciando un incantesimo d'amore. Salvaguarda la tua mente e la tua condizione fisica. Assicurati che l'energia intorno a te sia al sicuro e che tu abbia uno stato mentale stabile. Non farlo può avere conseguenze negative. Anche l'incantesimo d'amore che farai ti influenzerà.

Assicurati di non usare incantesimi magici, poiché gli incantesimi magici sono pericolosi e tutto ciò che fai tornerà da te. Assicurati di non lanciare alcun tipo di incantesimo d'amore che potrebbe essere pericoloso o mettere in pericolo la tua vita e quella dell'altra persona.

Ci sono molti modi in cui puoi proteggerti mentre lanci un incantesimo. Il primo modo è il cerchio di protezione. Trova un luogo appartato adatto dove puoi disegnare il cerchio mantenendo le erbe e il sale marino intorno ai bordi. Siediti sotto il tuo quartiere e fai un respiro profondo. Per consentire all'energia positiva di entrare nel cerchio, prova a recitare alcuni versetti d'amore della Bibbia.

Il secondo approccio è il tubo luminoso. Il tubo luminoso è un barilotto luminoso lungo 9 pollici, che ti protegge da cattive vibrazioni o cattiva energia. Devi sederti sotto i suoi parametri per permettere alle cattive energie intorno a te di trasformarsi in buone energie. Recita alcuni versetti della Bibbia relativi all'amore.

Il terzo metodo è fare un bagno di acqua salata. Siediti in una vasca da bagno con sale marino disciolto. Mentre ti siedi nella vasca da bagno, devi visualizzare che tutte le energie negative intorno a te se ne stanno andando o si stanno trasformando in energie buone.

Scegli un rituale adatto a te

È abbastanza travolgente e difficile scegliere il miglior incantesimo d'amore per te. Ci sono diversi incantesimi d'amore per attrarre, sedurre, trovare l'amore, trovare anime gemelle, ecc. Scegli il miglior incantesimo d'amore che si adatta ai tuoi incontri. Ad esempio, se vuoi che il tuo partner ti trovi attraente, scegli un incantesimo solo per quello.

Per questo, devi fare molte ricerche. Inoltre, scopri se l'incantesimo d'amore che hai scelto funziona o meno. Alcuni incantesimi d'amore non funzionano nemmeno e la persona inizia ad aspettare molto, portando alla separazione. Assicurati di andare da un esperto in grado di lanciare incantesimi d'amore. Un'altra cosa che devi scegliere è se optare per la magia nera o la magia bianca. Meglio andare con la magia bianca quando si lanciano incantesimi d'amore.

Definisci bene le tue intenzioni

Fai attenzione a ciò che desideri. Svuota la mente e pensa a ciò che vuoi veramente. Pensa a cosa vuoi far funzionare l'incantesimo d'amore. Se ti viene in mente un secondo pensiero, potrebbe rovinare l'incantesimo d'amore. Se pensi a qualcos'altro, lancerebbe l'incantesimo in modo sbagliato. Quindi, fai attenzione quando pensi a ciò che vuoi veramente.

Segui le istruzioni

Segui tutte le istruzioni e gli ordini impartiti da un esperto di incantesimi d'amore. Alcune indicazioni sono di rispettare o rendere omaggio ai rituali tradizionali. Ad esempio, se devi eseguire una determinata azione durante un avvistamento della luna o per un certo periodo di tempo, fallo come richiesto. Non farlo potrebbe avere conseguenze negative o l'incantesimo d'amore potrebbe non funzionare.

Negatività in trasferta

Lascia andare tutti i pensieri negativi una volta che hai lanciato l'incantesimo d'amore. Fidati dell'incantesimo d'amore e lascia che le cose funzionino. Il tuo corpo e la tua mente sono recettori naturali di energia. Qualunque cosa pensi possa accadere. Quindi libera la mente da tutti i pensieri negativi e anticipa e spera per il bene.

Ora vediamo finalmente degli incantesimi d'amore

Rituali d'amore per principianti

1. Incantesimo d'amore con una candela

Comunica le tue intenzioni d'amore usando una candela spenta. Quindi in questo momento, devi ripetere ciò che vuoi che accada nella tua vita amorosa. Quello che potresti dire potrebbe essere qualcosa come "Lascia che il mio amore venga da me mentre questa candela brucia"

Puoi dirlo ad alta voce o nella tua mente, concentrati solo sul tuo desiderio e crederci veramente. Dopo aver invocato, devi accendere la candela e lasciarla accendere. In questo modo, il tuo incantesimo sarà sulla buona strada per l'amante dei tuoi sogni. La candela dovrebbe essere completamente consumata, quindi tienilo a mente e sii paziente.

2. Incantesimo d'amore con un nastro

Durante la Luna Nuova, indossa un nastro (usa colori come il rosso o il rosa perché sono i colori dell'amore) e due oggetti. Gli oggetti possono essere qualsiasi cosa come candele o guanti, ecc. L'unica cosa è che devono essere pari. È meglio se sei emotivamente connesso agli oggetti che scegli.

Lascia che un oggetto ti rappresenti e l'altro deve essere l'amante dei tuoi sogni. Lega i due oggetti all'estremità del nastro mentre esegui invocazioni come "Finché lego questi guanti, possa l'amante dei sogni venire da me".

Ogni notte, avvicina sempre di più i tuoi oggetti l'uno all'altro e riannoda il nastro mentre reciti le tue invocazioni. Dovresti continuare a farlo finché gli oggetti scelti non si toccano e poi lasciarli per una settimana. Ecco come funziona l'incantesimo del nastro e attira l'amore nella tua vita.

3. Incantesimo d'amore e un sogno arancione

La buccia d'arancia essiccata può aiutare l'amante dei tuoi sogni a prendere una decisione sui propri sentimenti. Le bucce d'arancia possono anche aiutarti a ottenere chiarimenti chiari sul tuo amante dei sogni.

Il processo è semplice. Avvolgere una buccia di arancia essiccata in un panno e poi legarla con un nastro. Usando l'invocazione, rendi note le tue intenzioni. Puoi dire cose come "Per favore fammi sapere cosa fare per trovare il vero amore".

Tutto quello che devi fare per ottenere la tua risposta è mettere il tuo involucro arancione sotto il cuscino mentre dormi. Questo ti farà sognare la tua domanda e anche la tua risposta. Non dimenticare di scrivere il tuo sogno dopo esserti svegliato in modo da non dimenticarlo completamente.

4. Incantesimo d'amore e una rosa

Raccogli i petali di rosa e avvicinali all'acqua in movimento. L'acqua all'aperto è la migliore per questo scopo, ma puoi anche usare l'acqua del rubinetto. Quindi, prova a visualizzare il tuo partner ideale, o meglio ancora, visualizza le qualità ideali che vuoi che il tuo partner possieda. Quest'ultimo è il modo migliore per eseguire questo incantesimo, poiché non è troppo specifico.

Ora, pensa alla tua invocazione e dì qualcosa come "universo, esaudiscimi i miei desideri e inviami l'amore dei miei sogni mentre ti mando questi petali". Mantieni una forte volontà e assicurati che il tuo des5. Affermazioni quotidiane

Dichiarare il tuo mantra personale ogni mattina e ogni sera mentre ti guardi allo specchio ti aiuterà ad attirare l'amore. Attirerai un partner che è al tuo livello. Fai sapere all'universo che sei degno e meriti amore ogni giorno.

5. Magia del bagno

Con sale dell'Himalaya, un pizzico di cannella, una goccia di miele, ibisco e petali di rosa, puoi creare il bagno perfetto per aprire il tuo cuore all'amore. Metti un quarzo rosa sul chakra del cuore per guarire e rinvigorire il suo ambiente. Medita per 15 minuti sul partner o sulla relazione ideale che vuoi instaurare durante il bagno. Inoltre, suona alcune melodie romantiche per evidenziare l'atmosfera magica.

6. Candela magica per attirare l'amore o un amante

Usando una candela rosa, incidi il tuo nome e il tuo segno zodiacale su un lato. Poi, dall'altra, il nome e il segno zodiacale della persona che ti piace. Aggiungi l'olio di rosa all'esterno della candela con alcuni petali di rosa. Inoltre, aggiungi una goccia di oli di gelsomino, caprifoglio, gardenia, zenzero e radice di iris. Puoi aggiungere glitter rosa o rossi alla candela per la decorazione, che Venere adorerà. Quindi accendi la candela e lasciala bruciare finché il fuoco non si spegne.

7. Barattolo di miele

Scrivi il nome della persona che ti piace su un foglio di carta e metti il suo nome su un vasetto di miele. Entro una o due settimane, di conseguenza, possono essere dolci con te.

8. Trova un amante dei sogni

Crea una busta con salvia, petali di rosa, lavanda, semi di melograno e cristallo di quarzo rosa o trasparente. Mettili tutti in un sacchetto e mettili sotto il letto o il cuscino mentre dormi per due settimane. Di conseguenza, attirerai il tuo amante dei "sogni" ideale,

10. Candela magica

Metti due candele separate, idealmente rosse di fronte a te, una per rappresentare te e l'altra per rappresentare l'interesse amoroso. Quindi, mescola oli ed erbe in una ciotola (compresi petali di rosa, olio di patchouli, frangipani, sangue di drago e camomilla) per unire gli ingredienti.

Ungi la prima candela con la miscela, poi l'altra candela, visualizzando te stesso e il tuo interesse. Quindi avvicinare gradualmente le due candele nel corso della notte.

11. Bambole d'amore

Sono necessarie due bambole, una per rappresentare te stesso e l'altra il tuo interesse amoroso (puoi allegare una foto del viso di questa persona alla bambola). Metti petali di rosa, cristalli di quarzo rosa e corrispondenze d'amore all'interno di entrambi i polsi, trasformandoli in fari di energia amorevole. Quindi utilizzare un nastro e avvolgerlo attorno a entrambi i polsi per legarli insieme.

Rituali d'amore per esperti

Questi rituali, a differenza dei precedenti, sono più specialmente per coloro che hanno già una reale esperienza nel mondo della magia.

Magico rituale d'amore n. # 1: Trovare il Dio interiore

Trova quattro immagini di Dio con cui ti relazioni fortemente. Posizionane uno in ciascuna delle quattro direzioni del tuo spazio sacro e posiziona un altare al centro. Metti un bicchiere di vino e una candela rossa sull'altare, che rappresentano la mascolinità, il fuoco fertile e il sangue della vita. Inoltre, posiziona un athame (coltello rituale) o una bacchetta sull'altare come rappresentazione fallica.

Scegli un incenso adatto al Sacro Maschio e accendilo in un contenitore ignifugo. Prendi questo intorno al cerchio. Inizia da est, tenendo in mano l'incenso che brucia e recita quanto segue, muovendoti in senso orario (riempi gli spazi vuoti con i nomi delle immagini divine che hai scelto):

Est:

"_____, ti onoro nel mio spazio sacro.

Porta con te i venti del cambiamento e del potere.

Aiutami a sentire la tua voce dentro di me".

Sud:

"_____, ti onoro nel mio spazio sacro.

Porta con te i fuochi della trasformazione.

Aiutami a vederti dentro di me."

Ovest:

"_____, ti onoro nel mio spazio sacro.

Porta con te le acque del progresso.

Lascia che ti senta dentro di me."

Nord:

"_____, ti onoro nel mio spazio sacro.

Porta con te i terreni della crescita e dell'evoluzione.

Lascia che ti trovi dentro di me."

Quindi vai al centro del cerchio. Metti giù l'incenso e accendi la candela per riconoscere la presenza del divino. Prendi il vino in una mano e l'athame nell'altra e chiudi gli occhi. Visualizza te stesso in questo cerchio con ciascuna delle immagini di Dio sovrapposte al tuo cuore, una alla volta. Guarda ogni immagine assorbire in te, sentendo la sua energia e il suo potere crescere nel tuo cuore.

Mentre lavori, aggiungi un canto come:

"La scintilla di Dio è dentro.

io sono divino; lo sono Dio."

Lascia che il canto diventi più forte finché non raggiunge il suo apice. A quel punto, immergi l'athame nella tua tazza (per rappresentare l'unità dell'uomo e della donna dentro di te). Toglietelo e bevete metà del vino, poi versate il resto come offerta agli esseri divini che hanno partecipato al rito. Successivamente, trascorri del tempo nello spazio sacro, contemplando gli attributi maschili che già possiedi e quelli che speri di accentuare.

Chiudi il cerchio andando in ciascuna delle quattro stanze in ordine inverso (in senso antiorario) e scartando le energie divine lì. Di nuovo, riempi gli spazi vuoti con i nomi degli dei rappresentati in quei punti.

Nord:

"_____, grazie per aver cementato questo rituale e avermi dato potere con _____ (nomina un attributo noto a quel dio che desideri integrare). Saluti e addio".

Ovest:

"_____, grazie per aver aiutato le energie a fluire dentro e intorno a questo spazio e per avermi dato potere con _____. Salve e addio.":

Sud:

"_____, grazie per il tuo potere e per aver acceso le caratteristiche di _____ dentro di me. Saluti e addio".

Est:

"_____, grazie per le tue nuove prospettive e per i venti di cambiamento. Respira dentro di me e risuona nel mio cuore. Saluti e addio".

Spegni la candela centrale e annota tutte le impressioni sul rituale in un diario in modo da potervi fare riferimento in seguito.

Magico rituale d'amore n. #2: Trovare la Dea Interiore

Questo rituale ti riconnette con l'energia femminile universale. Può aiutarti a riconoscere e potenziare la dea interiore per aumentare la tua sensibilità, intuizione e capacità di nutrimento. Inoltre, migliora la tua comprensione delle donne nella tua vita.

Eccezioni: usa le immagini della dea in tutte e quattro le direzioni e una candela bianca e del vino per rappresentare la sua presenza all'altare. Fai l'incenso della dea. La tua coppa rituale è un simbolo dell'utero. Cambia la parola "Dio" nella canzone con la parola "Dea". Infine, fai un elenco di attributi femminili che speri di acquisire o migliorare. Tieni l'elenco con te durante il periodo tranquillo e meditativo dopo la libagione.

Rituale magico per amore n. 3: La chiamata a un'anima gemella

Le unità karmiche si formano per creare delle miniaule specifiche per l'apprendimento della nostra anima. All'interno di quel gruppo, alcune anime migrano l'una verso l'altra ancora e ancora, creando forti legami emotivi che la morte non può spezzare. Quando incontri una persona di quell'unità karmica, qualcosa dentro di te la riconosce immediatamente. La risposta emotiva può essere sconcertante e sconvolgente. Può essere facilmente scambiato per una riunione con la tua anima gemella. Può essere, ma questa è solo una possibilità.

Il termine anima gemella potrebbe essere inappropriato. Dire che la tua anima è legata a una, e solo una, l'anima di qualcun altro nel tempo suona molto romantico, ma non si adatta agli obiettivi finali della reincarnazione: cambiare, imparare, crescere e andare avanti. Sembra più probabile che vari membri della tua unità karmica abbiano il potenziale per essere compagni di vita, mentre altre persone diventano amici, genitori, insegnanti e persino avversari. Non importa quali siano le tue opinioni su questa teoria, sembra esserci un desiderio quasi universale di cercare quella persona speciale.

Il seguente rituale ha due scopi: promuove un'aura romantica intorno alla tua vita per attrarre e accogliere l'amore, e ti porta tranquillità, sapendo che hai esteso l'energia amorevole attraverso la persona giusta. Ci vuole tempo e pazienza per sperimentare i risultati di questo rituale, quindi ripetilo ogni volta che ne senti il bisogno. L'amore è una creatura pignola che, come un gatto, si muove al proprio ritmo ea modo suo.

Incidi il tuo nome su una candela rossa o rosa, usando uno spillo o un coltello. Posizionalo all'altezza degli occhi nello spazio sacro dove può rimanere all'altezza degli occhi quando è seduto. Riempi una ciotola con petali di rosa e un bastoncino di incenso al legno di sandalo.

Se possibile, esegui questo rituale all'aperto. Prendi la ciotola in mano e cammina in senso orario intorno allo spazio sacro, spargendo i petali a terra, dicendo:

Est:

"Chiamo i venti dell'est. Ascolta il mio desiderio. Lascia che questi petali arrivino a qualcuno con una mente e un'anima simili con cui posso comunicare. Unisciti a noi. Così sia."

Sud:

"Ai venti del sud io chiamo. Ascolta il mio desiderio. Possano questi petali raggiungere uno che puoi abbracciare con passione e che può restituire quel fervore. Unisciti a noi. Così sia."

Ovest:

"Ai venti dell'ovest, io chiamo. Ascolta il mio desiderio. Lascia che questi petali raggiungano qualcuno il cui cuore è aperto per dare e ricevere amore. Unisciti a noi. Così sia."

Nord:

"Ai venti del nord, io chiamo. Ascolta il mio desiderio. Lascia che questi petali raggiungano qualcuno con cui puoi coltivare una relazione equilibrata. Unisciti a noi. Così sia."

Centro: accendi la candela. Raccontare:

"Spirito, la cui luce è verità e pienezza, benedici questo sforzo. Apri la via dell'amore nella mia vita se è per il bene supremo e non nuoce a nessuno. Così sia."

Siediti comodamente davanti alla candela. Respira lentamente e ritmicamente finché non ti senti a tuo agio con l'ambiente circostante. Quindi, pensa a qualcuno che ti fa sentire amato, permettendo a queste emozioni di riempirti al limite. Dirigi questa energia amorevole nella tua candela (puoi visualizzarla come una luce rosa che fuoriesce dal tuo cuore e avvolge la candela con amore e gioia). È un'importante espressione di amore per se stessi.

Ora elenca mentalmente gli attributi di un buon compagno di vita. Sii dettagliato, ma cerca di non limitare la tua destinazione a queste restrizioni. Fai una preghiera verbale o silenziosa su queste caratteristiche al divino e accendi l'incenso con la fiamma della candela. Il fumo dell'incenso conduce le vostre preghiere allo Spirito.

Infine, fai un respiro profondo. Quando lo rilasci, spegni la candela. Visualizza la luce rosa attorno alla fiamma che viene diffusa dal tuo respiro in tutte le direzioni. Quando vedi l'energia allontanarsi, sussurra il tuo desiderio d'amore e dai il benvenuto alle persone che questa energia incontra. Chiudi il rituale rimuovendo i quarti mentre cammini in senso antiorario attraverso lo spazio sacro.

Nord:

"Venti del nord, ti ringrazio per il tuo potere e per aver concesso la saggezza nella ricerca dell'amore. Guida la mia magia in modo sicuro al suo segno mentre lascio questo posto."

Ovest:

"Venti d'occidente, vi ringrazio per la vostra potenza e per aver concesso emozioni pure nella ricerca dell'amore. Guida la mia magia in modo sicuro al suo segno quando lasci questo posto. "

Sud:

"Venti del sud, vi ringrazio per la vostra forza e per aver dato energia romantica alla ricerca dell'amore. Indirizza la mia energia al tuo marchio lasciando questo posto".

Est:

"Venti dall'est, vi ringrazio per il vostro potere e per la concessione di rinnovata speranza nella ricerca dell'amore. Guidate la mia energia in sicurezza verso il vostro segno mentre lasciate questo luogo."

Centro:

"Spirito della creazione, ti ringrazio per la tua presenza e per aver concesso la tua benedizione sulla mia magia. Guida il mio incantesimo e il mio cammino finché la ricerca dell'amore non si compie. Licenziato."

In un diario, annota la tua esperienza e i modi in cui hai personalizzato il rituale per riferimento futuro. Metti via la candela e ripeti il rito quando ne senti il bisogno. Porta con te della cera fusa come un incantesimo per attirare l'amore finché la magia non si manifesta.

Ogni generazione ha concetti diversi della relazione perfetta. Fino a poco tempo, era comune vedere le relazioni ritratte dai media come beatamente felici, con l'amore come il legame che legava tutto insieme. E mentre i ritratti contemporanei sono in qualche modo più realistici, molte rappresentazioni rimangono idealistiche.

Le relazioni possono essere felici e forti, ma difficili da raggiungere se uno o entrambi i partner presumono che l'amore vince su tutto. L'amore è solo un ingrediente di una ricetta complessa. Gli altri includono fiducia, comunicazione, rispetto, perseveranza, tolleranza e un pizzico di pazienza.

Non esiste un partner o una relazione impeccabile e le nostre magiche aspettative dovrebbero riflettere questo. Accettando gli altri e noi stessi, così come siamo, possiamo andare avanti su un piano di parità.

Per questo rituale è necessaria una piccola bambola che rappresenti ogni persona che partecipa all'esercizio, 12 fili di filo o nastro legati a ciascun polso, un paio di forbici per ogni persona, una candela bianca per rappresentare la verità e le intenzioni pure. contenitore. per bruciare i nastri.

Se possibile, dovresti condividere il compito di chiamare i quartieri: una persona che invoca l'est e il sud, un'altra che invoca l'ovest e il nord.

Est:

"Venti di saggezza, intuizione e cambiamento, vieni a benedirci con il tuo respiro e aiutaci a manifestare la nostra magia."

Sud:

"Fuochi di energia e amore perfetto, vieni a benedirci con il tuo calore e aiutaci a migliorare la nostra magia."

Ovest:

"Acque di guarigione e pace, vieni a benedirci con la tua dolce verità e aiuta la nostra magia a fluire."

Nord:

"Suoli di fondazione e crescita, venite a benedirci con la vostra sicurezza e aiutate la nostra magia a maturare."

Centro:

"Accendiamo la candela bianca e diciamo insieme: qui brillerà solo la luce della verità e dell'amore".

Richiede una promessa che sarete onesti e compassionevoli gli uni con gli altri davanti al Sacro. Ricordate, questo non è il momento di lamentarvi delle abitudini negative, ma di liberarvi a vicenda da aspettative malsane che ostacolano la crescita della vostra relazione.

Quindi ogni persona, a turno, taglia un nastro al polso dell'altro, riconoscendo verbalmente un'aspettativa rilasciata. Ad esempio, se un amico, un partner o un partner tende ad essere in ritardo, potresti dire: "Ti libero dal mio concetto personale di puntualità". Un'altra applicazione adatta per questo rituale è liberarsi reciprocamente dalle imperfezioni esterne, come il sovrappeso.

Concentrarsi sull'esterno toglie le connessioni spirituali, specialmente nelle relazioni intime a lungo termine. Invece, potresti usare una frase positiva, come "Ti amo così come sei". Rilasciando le tue critiche alla persona amata, in realtà stai rafforzando (inconsciamente) un'alternativa sana e riducendo notevolmente la tensione.

Continua questo esercizio fino a tagliare tutti i nastri. Disconnetti tutti i legami delle aspettative. Accendi i nastri alla fiamma della candela e lasciali bruciare in modo da non poterli riattaccare. Conserva l'immagine libera della persona amata dove puoi vederla regolarmente, come promemoria delle tue promesse.

Questo esercizio può essere utilizzato anche per liberarti da obiettivi, ideali, ecc. irragionevole.

Rituale magico per l'amore compassionevole n. 5: il perdono

Tutti commettiamo errori. Quando quegli errori feriscono qualcuno vicino a noi, le scuse aiutano e un rituale favorisce anche la guarigione emotiva. Ogni persona deve trovare un simbolo usa e getta della propria rabbia. Raccogli due candele rosse, una candela bianca, un nastro bianco lungo ventuno pollici e incenso alla lavanda.

Se usi un athame nella tua magia, usa un nastro bianco aggiuntivo per "legare la pace" alla lama (legalo in modo che non scivoli fuori dal fodero). Rappresenta i tuoi desideri di mantenere una tregua e lavorare per l'armonia. Suggerisco anche di condividere la responsabilità di chiamare le stanze, poiché il perdono e l'accordo richiedono uno sforzo reciproco.

Posiziona il nastro e la candela bianca su un tavolo centrale o su un altare, spento. Accendi l'incenso alla lavanda. Prendi le tue candele rosse personali (accese) mentre chiami le stanze. Inizia a nord e muoviti in senso antiorario (per bandire la rabbia).

Nord:

"Concord, dea della pace e dell'armonia, placa la rabbia nei nostri cuori e sostituiscila con una rinnovata comprensione e amore in modo che possa iniziare la guarigione".

Ovest:

"Dea della verità, benedici questo spazio sacro con parole oneste e gentili in modo che la guarigione possa iniziare".

Sud:

"Anu, Dio della giustizia e della mediazione, vieni a sovrintendere al nostro rito. Accettiamo entrambi la nostra responsabilità per questa relazione, i suoi dolori e le sue gioie in modo che la guarigione possa iniziare".

Est:

"Forseti, Dio di giustizia, lascia che la tua equità ed equilibrio siano la nostra guida in questo spazio sacro in modo che la guarigione possa iniziare. Così sia."

Prendi le tue candele individuali e posizionale su entrambi i lati di quella bianca. Prendi la mano del tuo partner, guardalo negli occhi e digli: "Mi dispiace". All'unisono, accendi la candela bianca centrale con quelle rosse dicendo: "Accettiamo il perdono e la pace nei nostri cuori". Spegni le candele della rabbia e legalo saldamente con il nastro bianco. Trascorri del tempo nello spazio sacro parlando di cose con calma.

Quando sei pronto, scarta le monete, muovendoti in senso orario per mantenere l'energia positiva che hai creato.

Est:

"Forseti, grazie per aver benedetto questo momento con giudizio equilibrato ed equità. Andate in pace e mantenete la pace tra di noi".

Sud:

"Anu, grazie per averci aiutato a negoziare, usando l'amore come guida. Andate in pace e mantenete la pace tra di noi".

Ovest:

"Aleitheia, grazie per l'onestà necessaria per rimettere in carreggiata la nostra relazione. Andate in pace e mantenete la pace tra di noi"

Nord:

"Concordia, grazie per l'armonia stabilita in questo spazio sacro in questo giorno. Vai ora in pace e mantieni la pace tra noi. Licenziato."

Dopo il rituale, riponi le candele della rabbia in un luogo sicuro dove potrai ritrovarle se necessario. Accendi la candela della pace ogni giorno fino a quando non si spegne completamente per ricordarti il tuo impegno reciproco.

Rituale d'amore per la felicità n. 6: guarire un cuore spezzato

A differenza della canna, che può piegarsi ad ogni vento, è difficile per il cuore umano accettare cambiamenti difficili in una relazione. Puoi aiutare a integrare il cambiamento e iniziare a guarire attraverso il rituale.

Questo rituale richiede una bambola (una piccola figura di stoffa) piena di lavanda (per la pace), buccia di mela essiccata (per la salute emotiva), aghi di pino (per eliminare la negatività) e una corniola (per rinnovare la fiducia in se stessi). La bambola ti rappresenta, quindi, se possibile, realizzala con un indumento personale e strofinala con un po' del tuo profumo.

Portalo nel tuo spazio sacro insieme a una candela bianca, una tazza di vino secco (non dolce) e sette bastoncini di incenso viola (per promuovere l'amor proprio). Ho chiamato le stanze dicendo:

est

"Venti di cambiamento, allontanati dal mio dolore, insegnami a rilasciare ciò che non può essere afferrato. Rinfresca la mia rabbia, la mia frustrazione. Rinfresca la mia anima; rendimi completo".

Sud:

"Pulire i fuochi, bruciare la mia tristezza, insegnami a lasciar andare ciò che non può essere trattenuto. Energizza la mia fede, la mia fiducia in me stesso. Brucia di nuovo nella mia anima; rendimi completo".

Ovest:

"Acque di guarigione, lava le mie ferite, insegnami a fluire con ciò che non può essere fermato. Purificami con le lacrime. Cresta con speranza nella mia anima, rendimi completo. "

Nord:

"Terra di fondamenta, radicami nella tua terra, insegnami a stare in piedi in modo che non possa essere scosso. Connettimi nella realtà... nella consapevolezza cosciente. Rivitalizza la mia anima, rendimi completo".

Accendi un bastoncino d'incenso con la fiamma bianca di una candela e mettilo da parte. Prendi la tazza in mano, dicendo:

"Spirito saggio e senza tempo. Di recente ho assaporato una tristezza amara (sorso dal bicchiere e ho spalmato del vino sul cuore della bambola) ma il tempo della tristezza è finito. Lo do a te e alla terra, e al suo posto chiedo gioia».

Versare i resti della coppa come libagione a terra. Se non puoi farlo nello spazio sacro, per favore fallo fuori dopo. Metti le mani sul polso, visualizzandolo pieno di luce rosa-bianca finché non trabocca di energia. Mentre lo fai, canta: "Come te, come me, possa l'amore iniziare in te".

Lascia la bambola sulla traiettoria del fumo finché l'incenso non si spegne. Usa questo tempo per piangere, ridere, ballare o qualsiasi altra cosa serva per alleviare il tuo dolore.

Chiudete il cerchio, partendo da nord, dicendo:

Nord:

"Mamma, tienimi stretta al tuo petto finché non ti incontrerò di nuovo. Grazie per essere qui per aiutare il mio cuore a guarire".

Ovest:

"Sorella, lasciami dormire in onde di conforto finché non ti incontrerò di nuovo. Grazie per essere qui per aiutare il mio cuore a guarire".

Sud:

"Padre, lascia che il mio spirito si riaccenda di speranza finché non ti incontrerò di nuovo. Grazie per essere qui per aiutare il mio cuore a guarire".

Est:

"Fratello, lascia che la mia anima si rallegri dei tuoi venti ribelli finché non ti incontrerò di nuovo. Grazie per essere qui per aiutare il mio cuore a guarire. Saluti e addio".

Per la prossima settimana, brucia un bastoncino di incenso viola prima di andare a letto e ripeti: "Quanto a te, così a me, che l'amore cominci dentro".

Tieni la bambola vicino a te mentre dormi per esprimere amore a te stesso. Brucia o seppellisci ritualmente la bambola quando ti senti di nuovo completo.

Rituale di fidanzamento d'amore n. 7: fidanzamento

Un rituale di fidanzamento simboleggia la promessa e la promessa d'amore senza le scartoffie legalmente vincolanti. La coppia ha quindi il tempo di rivedere seriamente la loro relazione e fare o distruggere piani futuri. Dovresti iniziare i rituali di fidanzamento con la stessa sobrietà di un matrimonio.

Esegui questo rituale alla luce di una falce di luna, per enfatizzare la crescita della relazione. Per un fidanzamento con poteri magici, ogni persona deve scegliere un gettone da dare all'altro. Tieni una tazza d'acqua, due candele accese e due candele spente su un altare centrale dello spazio sacro. Ogni persona dovrebbe chiamare a turno le stanze per sottolineare l'uguaglianza. Recitare insieme l'invocazione allo Spirito.

Est:

Invece di un sol levante, ci compromettiamo tra di noi e con gli antichi. Lasciamo che un vento fresco ci avvolga con la consapevolezza di cosa significhino le nostre promesse".

Sud:

Invece di un sole di mezzogiorno, ci compromettiamo gli uni con gli altri e con gli antichi. Lascia che un fuoco caldo ci avvolga con amore e passione costanti per accendere la longevità della nostra promessa. "

Ovest:

Invece di un sole al tramonto, ci compromettiamo tra di noi e con gli antichi. Lascia che ondate di eccitazione ci travolgano, mantenendo la nostra promessa fresca e completa".

Nord:

Invece di un sole oscuro, veniamo a compromessi gli uni con gli altri e con gli antichi. Possa il terreno fertile fornire un terreno entro il quale la nostra promessa crescerà fino alla sua pienezza".

Spirito:

"Nel luogo al di là dello spazio e del tempo, ci compromettiamo gli uni con gli altri e con gli antichi. Lo Spirito e gli antichi testimonino la nostra promessa e la benedicano con la loro presenza».

In piedi insieme all'altare. Ciascuno, a turno, prenda una delle candele accese e accenda una di quelle spente, dicendo:

"Questa fiamma era il mio essere prima di incontrarti. Oggi divento una persona nuova grazie alla nostra reciproca promessa. Oggi accetto un posto nel tuo cuore, come un seme che domani crescerà".

Spegnete a turno la fiamma della prima candela nel calice, dicendo:

"Il passato è alle mie spalle. Ha formato me e ciò che sono diventato, ma non limita le possibilità che il nostro amore offre al futuro. Che i brutti ricordi muoiano qui oggi e nasca la devozione al nostro impegno".

Voltati l'uno verso l'altro e metti il palmo della tua mano forte sul cuore del tuo partner, dicendo a turno:

"Io sono parte del tuo cuore e tu sei parte del mio. Oggi ti prometto il mio amore in modo che durante i prossimi _____ (numero di settimane, mesi o anni fino al matrimonio) possiamo crescere uniti verso ciò che riserva il futuro. Accetti la mia promessa? "

Ogni partner risponde, aggiungendo tutto ciò che sente di dover dire. Poi distribuisci le schede che hai portato, spiegando la loro importanza, la tua presenza e la tua benedizione. Questi gettoni dovrebbero essere indossati il più spesso possibile come amuleti per ispirare il tuo amore e rafforzare le tue promesse.

Chiudete il cerchio, partendo da nord dicendo:

Nord:

"Potenze del Nord, vi ringraziamo per la vostra presenza e benedizione. Il tuo cielo, scuro come la terra, ma pieno di stelle, rappresenta i nostri cuori pieni di speranza e di possibilità".

Ovest:

"Potenze dell'Occidente, vi ringraziamo per la vostra presenza e benedizione. Le tue acque, azzurre come il cielo e piene di vita, rappresentano il nostro desiderio di fluire insieme nel futuro."

Sud:

"Potenze del Sud, vi ringraziamo per la vostra presenza e benedizione. I tuoi fuochi, rossi come il sole e pieni di energia, rappresentano la nostra passione e il nostro calore."

Est:

"Potenze d'Oriente, vi ringraziamo per la vostra presenza e benedizione. I tuoi venti, invisibili come il respiro, ma ugualmente vitali, rappresentano il nostro amore che non si vede, ma si conosce nel profondo".

Per chiudere il rituale, suggerisco di scrivere e recitare insieme una preghiera che esprima i tuoi sentimenti in questo momento.

Rituale magico del matrimonio n. 8: matrimonio o matrimonio

La magia dell'unità deriva dal matrimonio rituale, dalle benedizioni divine e familiari. Un matrimonio o un matrimonio celebra tutto ciò che riguarda l'amore e tutte le sue possibilità.

Il matrimonio è un'osservanza molto personale. La cultura, le credenze spirituali, i gusti e le famiglie delle persone influenzano notevolmente la creazione della cerimonia. Ho fornito qui un riassunto specifico per una coppia il cui percorso magico è noto ai loro ospiti. Questo schema offre idee, non editti. Completa il resto seguendo il tuo cuore e la tua visione.

Inizia decorando lo spazio sacro per riflettere l'occasione. La magia dei nodi lega con cura i desideri della tua relazione in ogni cravatta. Bells annuncia l'unione ad altri e allontana le cattive influenze. Qualsiasi cosa bianca o argento simboleggia la purezza e la presenza dello Spirito per benedire il raduno. Aggiungi profumi floreali significativi e qualsiasi altra cosa ti sembri giusta. Metti palloncini colorati, candele o altri gettoni in tutte e quattro le stanze per allestire lo spazio sacro.

La chiamata alle stanze dipende dal percorso spirituale della coppia. Considera di invocare dei e dee dal tuo pantheon per assistere e benedire il rito, oppure usa un'invocazione che tutti i presenti possano capire. Alcune coppie hanno un prete o una sacerdotessa che convoca i guardiani prima che arrivino gli ospiti se i membri della famiglia sono a disagio con la magia.

Una volta all'interno dello spazio sacro, il rituale può essere tanto vario e unico quanto la coppia. Alcune tradizioni magiche che potresti voler usare sono:

Bevi da una tazza per simboleggiare il tuo destino unito. È un'antica usanza pagana e gitana.

Accendi una candela centrale per rappresentare l'energia sacra che unisce due persone innamorate.

Lega le mani con tessuti o fiori che rappresentano l'unità e l'armonia. Ecco come è nata la parola handfasting.

Salta sul manico di una scopa o sulla lama di una spada per segnare la loro transizione verso una nuova vita insieme.

Quando salti la scopa, porta anche fertilità figurata o letterale, a seconda dei desideri della coppia.

Dopo il rituale, gli scambi di doni, i brindisi, il taglio della torta e la pioggia di coriandoli sono tutti comuni e hanno tracce di magia al loro interno. In passato, le persone facevano regali simbolici come il pane in modo che la coppia non volesse mai mangiare. I brindisi erano inizialmente un tipo di invocazione e offerta al divino.

I dolci nascevano a Roma, dove venivano sbriciolati sulla testa degli sposi e mangiati per fertilità, abbondanza e Provvidenza. Infine, quando gli sposi lasciano la celebrazione, una pioggia di riso o di pangrattato assicura prosperità e fertilità e ispira una pioggia di benedizioni.

Rituale magico per porre fine all'amore #9: Separazione

Quando un matrimonio o una relazione a lungo termine non funziona, ci vuole un grande sforzo per mantenere il processo di separazione pacifico e costruttivo. Mettendo in atto un rito di mutuo consenso, possono liberarsi e possibilmente mantenere un'amicizia.

Avrai bisogno di forbici, una fonte di fuoco come un braciere o un piccolo calderone, una piccola quantità di unguento e una fotografia dei due insieme. Tutti dovrebbero chiamare a turno le stanze. Ci sono volute due persone per creare questa relazione e ne servono due per disperdere quell'energia. Inizia nel nord come simbolo di completamento.

Nord:

"Antiche potenze della Terra, ascoltateci tutti;

Ascolta la nostra chiamata urgente.

Aiutaci a superare la tempesta nei nostri cuori.

Aiutaci a guarire mentre ci separiamo".

Ovest:

"Antichi poteri dell'acqua, ascoltaci tutti;

Ascolta la nostra chiamata urgente.

Aiutaci a cavalcare l'onda del cambiamento delle maree.

Mentre ci separiamo, resta al nostro fianco".

Sud:

"Antichi poteri del fuoco, ascoltaci tutti;

Ascolta la nostra chiamata urgente.

Aiutaci a dominare le fiamme della rabbia.

Aiutaci a percorrere un cammino pacifico".

Est:

"Antichi poteri dell'aria, ascoltaci tutti;

Ascolta la nostra chiamata urgente.

Aiutaci a sopportare i venti del cambiamento.

Aiutaci a perdonare e a riorganizzare la nostra vita".

Andate insieme davanti all'altare. Una persona dovrebbe tenere la fotografia mentre l'altra la taglia a metà, separando le due immagini. Quindi cambia, tagliando completamente la foto a metà. Ora prendi l'immagine del tuo partner e applica un po' di unguento, dicendo: "Ti auguro benessere e pienezza, e ti rilascio senza malizia. Mentre la nostra intimità svanisce, possa l'amicizia rimanere".

Registra le immagini per completare il processo di liberazione e invia le tue preghiere al divino. Condividi gli eventuali pensieri di addio che potresti avere, quindi chiudi il ciclo iniziando da est (per segnare un nuovo inizio) e muovendoti in senso orario per mantenere l'energia positiva con entrambi.

Est:

"Potenze dell'est, grazie per aver partecipato a questo rito. Aiutaci a lasciare questo luogo in pace con rinnovata fiducia come guida.

Sud:

"Potenze del sud, grazie per aver partecipato a questo rito. Aiutaci a lasciare questo luogo pulito dalla rabbia, con la luce come nostra guida".

Ovest:

"Potenze dell'ovest, grazie per aver partecipato a questo rito. Aiutaci a lasciare completamente questo luogo, con il perdono come nostra guida."

Nord:

"Potenze del nord, grazie per aver partecipato a questo rito. Aiutaci a lasciare questo luogo fondato sull'amore, con la speranza come nostra guida".

Se possibile, lascia lo spazio sacro da due uscite separate.

Tutto questo riguarda i rituali d'amore, ora passiamo ad altri ragazzi.

7; Rituali per soldi

Alcuni incantesimi sono abbastanza basilari, mentre altri sono più complessi. Ciò che è veramente richiesto in qualsiasi incantesimo di candela è che ti concentri sull'obiettivo che hai in mente, che visualizzi il tuo obiettivo mentre esegui il rituale e che credi davvero di poterlo raggiungere. Con questo in mente, ecco alcuni esempi di incantesimi di denaro e prosperità.

Rituali per soldi per principianti

Incantesimo di base di candele di denaro e prosperità

Puoi attirare denaro e prosperità con il giusto incantesimo di accensione delle candele. Questo incantesimo di denaro altamente efficace utilizza due potenti oli essenziali che attirano denaro. Una volta che hai deciso l'immagine che vuoi tenere a mente mentre lavori con il tuo incantesimo, puoi raccogliere i rifornimenti di cui avrai bisogno. Una volta che hai tutto insieme, segui i passaggi per il tuo incantesimo.

Elenco forniture

- Candela votiva verde
- Porta candele
- Palo de salvia o Palo Santo
- 1/8 tazza di olio d'oliva
- 1-2 gocce di olio essenziale di cannella
- 1-2 gocce di olio essenziale di patchouli
- Athame (coltello cerimoniale) o coltello da cucina
- Piccolo contenitore per la miscelazione degli oli
- Guanti di plastica usa e getta
- Fiammiferi o più leggeri

Fase uno: sfoca la stanza e la ciotola

Devi liberare il tuo spazio da tutte le energie negative, in modo che non ostacolino la tua richiesta di denaro a venire. Sia la salvia che il Palo Santo sono usati per eliminare le energie negative.

Prima di iniziare il lavoro, sfoca la stanza. Assicurati di ottenere gli angoli.

Questo include la ciotola. Tieni il contenitore capovolto in modo che il fumo lo riempia e si allontani.

Frulla l'esterno del contenitore. Accantonare.

Puoi spegnere la barra delle macchie o lasciarla bruciare mentre lanci l'incantesimo.

Fase due: intaglia la tua candela

Tenendo a mente il risultato ideale del tuo incantesimo, usa il tuo athame o il coltellino per ritagliare la quantità di denaro che vuoi attirare. Lascia che i trucioli di candela cadano nel portacandele.

Fase tre: mescolare gli oli

Versare gli oli uno alla volta nella ciotola. Mescolare lentamente gli oli nella ciotola. Fare attenzione a non versare gli oli sul bordo della ciotola. Una volta che senti che gli oli sono ben miscelati, puoi ungere la tua candela.

Fase quattro: vestire la candela

Vuoi indossare i guanti di plastica per vestire la tua candela (spesso chiamata unzione). Immergi i polpastrelli guantati nella ciotola dell'olio. Inizia a vestire la candela dall'alto vicino alla base dello stoppino e tira l'olio lungo la candela. Ripeti questo processo immergendo le dita nell'olio e ungendo la candela dall'alto verso il basso. Una volta che l'intera candela è stata ricoperta di olio, posizionarla sul portacandele.

Passaggio cinque: visualizza il tuo obiettivo

Prima di accendere la candela, concentrati sul tuo obiettivo di soldi. Visualizza come reagirai quando riceverai i soldi, cosa ne farai e come cambierà la tua vita in meglio. Una volta che sei soddisfatto di avere una forte visualizzazione completa, accendi la candela.

Fase sei: preghiere o canti

Puoi dire una preghiera o ripetere una canzone dopo che la candela è stata accesa. Puoi creare la tua canzone o ripetere quanto segue:

"Lascia che i soldi vengano da me,

I soldi arrivano a casa mia

I soldi entrano nella mia vita

Il denaro porta ottimi benefici che raccolgo volentieri,

I soldi sono i benvenuti a casa mia

I soldi sono una benedizione per me

Invito soldi a venire da me".

Fase sette: non spegnere la candela

Dovresti lasciare che la candela continui a bruciare finché non si spegne automaticamente. Il risultato ideale è che l'intera candela si esaurisca, lasciando solo lo stoppino di metallo. Puoi sempre seppellire il disco se vuoi. Non esiste una regola secondo cui i resti dello stoppino devono essere smaltiti in un certo modo.

Incantesimo del sacco di soldi con candela di ricchezza e prosperità

Questo incantesimo sfrutta cristalli, oli essenziali e una borsa magica per i soldi. Se necessario, puoi utilizzare un vetro esistente. Basta pulirlo. Tuttavia, potresti voler dedicare un nuovo cristallo da usare per questo particolare incantesimo. Alcuni degli ingredienti di questo incantesimo potrebbero essere nuovi per te al lavoro. Ad esempio, l'essenza di fiori di melo è perfetta per questo incantesimo, poiché le mele sono considerate simboli di buona fortuna, fertilità, amore, guarigione e immortalità.

Forniture

- Candela verde (suggerita votiva)

- 1/8 tazza di olio d'oliva

- Salvia o bastoncino di cedro

- 3 gocce di olio essenziale di fiori di melo

- Piccola ciotola

- Fiammiferi o più leggeri

- Paio di guanti monouso (opzionale)

- Rifornimenti della borsa dei soldi

- Borsa in tessuto con coulisse verde, oro o argento (o qualsiasi combinazione)

- Denominazione di monete e banconote (1 nichel, 3 centesimi, 1 dollaro)

- 1 cucchiaino di noce moscata macinata o noce intera (prosperità)

- 1 foglia di alloro (evita gli zoccoli)

- 1 cucchiaino di zenzero macinato o radice piccola (successo)

- Diamanti, gioielli e pietre preziose finti sciolti (disponibili in qualsiasi negozio di artigianato)

- Cristallo di citrino

- pietra di giada

Fase uno: pietre preziose nella magia

Le energie della Terra che si trovano nelle pietre preziose possono connetterti con l'energia del denaro. Sia la giada che il citrino sono magneti per il denaro. Pulisci entrambe le pietre prima di iniziare il lavoro. Puoi sfocare i cristalli, metterli in acqua sotto la luna piena o usare un altro metodo.

Fase due: soldi e numeri dispari

Se preferisci, puoi utilizzare altre denominazioni di denaro, ad esempio una banconota da cinque dollari. Vuoi usare solo numeri dispari. Ad esempio, puoi usare tre monetine = $ 0,15 o tre $ 1 = $ 3. Tuttavia, generalmente è meglio mantenere le cose il più semplici possibile.

Fase tre: mescolare gli oli

Vuoi versare l'olio d'oliva nella piccola ciotola. Aggiungere l'essenza di fiori di melo e mescolare lentamente i due oli nella ciotola.

Fase quattro: vesti la tua candela

Indossa i guanti (facoltativo) e immergi le dita negli oli misti. Ungere la candela strofinando l'olio dalla parte superiore della candela verso il basso, con un leggero movimento verso il basso. Capovolgere la candela e ripetere fino a quando l'intera candela è stata condita con olio. Metti la candela nel supporto e prenota

Fase cinque: accendi la tua candela unta

Accendi la candela dorata e prenditi un momento per visualizzare come il denaro che chiami cambierà la tua vita. Visualizza come utilizzerai il denaro e visualizzalo andando avanti con uno stile di vita finanziariamente sicuro.

Fase sei: sfumare gli oggetti con l'incenso di cedro

Metti ogni oggetto che va nella borsa dei soldi sul tavolo o sull'altare. Vuoi sfocare questi oggetti prima di usarli. Puoi cantare o dire una preghiera mentre lavori.

Accendi il bastoncino di incenso di cedro.

Raccogliete ogni oggetto uno alla volta e sfumate con l'incenso.

Metti da parte ogni oggetto e passa a quello successivo.

Macchia la borsa dei soldi permettendo al fumo di riempirla e poi macchia l'esterno della borsa.

Passaggio sette: metti gli oggetti nella borsa dei soldi

Il seguente canto può essere ripetuto mettendo ogni oggetto nella borsa dei soldi, inclusa la foglia di alloro. Fallo lentamente e deliberatamente, essendo consapevole del potere di ogni elemento.

"Posiziono questo [inserire il nome dell'oggetto, ad esempio la pietra di giada]

in questo sacco di soldi per proteggere le mie finanze

e attirami denaro,

Possa lui benedirmi".

Fase otto: chiudi la borsa dei soldi

Una volta che hai tutti gli oggetti al sicuro all'interno della borsa dei soldi, tira il cordoncino per chiudere la borsa. Puoi pregare, comporre una canzone o usare quanto segue:

"Sigillo questo denaro e gli oggetti di denaro nella mia borsa dei soldi,

Insieme lavoreranno per attirarmi più ricchezza,

Con questo sacco di soldi, chiedo all'universo di rispondere alla mia richiesta,

Concedimi maggiore ricchezza e salute finanziaria".

Fase nove: porre fine al tuo incantesimo

Dovresti lasciare che la candela si esaurisca completamente. Posiziona il sacchetto dei soldi accanto alla candela mentre l'incantesimo è completo. Puoi smaltire ciò che rimane della candela, come l'ancora in metallo dello stoppino, come preferisci. Non aggiungerlo o altro al tuo sacchetto dei soldi una volta che è sigillato o spezzerai l'incantesimo.

Passo dieci: porta con te la borsa dei soldi

Vuoi che la borsa dei soldi rimanga con te 24 ore al giorno, 7 giorni alla settimana. Non aprirlo. Dopo 28 giorni, dovresti iniziare a raccogliere i frutti del tuo incantesimo. Metti la borsa dei soldi in un armadietto del tuo ufficio a casa che sia almeno all'altezza della vita o più alto. Non spostare la borsa per farla funzionare per te.

Incantesimo del denaro per superare i blocchi finanziari
Se hai provato altri incantesimi senza successo o senti che qualcosa ti impedisce di attirare denaro, puoi provare questo incantesimo. Questo è particolarmente potente per qualsiasi blocco finanziario che potresti riscontrare. Questo incantesimo rilascerà l'inceppamento del denaro e consentirà al denaro di iniziare a fluire verso di te. Il saggio purificherà, mentre il pino infonderà l'energia dell'immortalità, della vitalità e della fortuna infinita. L'olio essenziale di vetiver rimuove gli ostacoli ostinati al denaro. Il gelsomino è un attrattore e apre la strada al denaro per entrare nella tua vita.

Forniture di base

- bastoncino di salvia
- Candela d'oro (votiva o pilastro)
- Porta candele
- Fiammiferi o più leggeri

- Forniture per l'olio dell'unzione

- 1/8 di tazza di olio d'oliva, olio di cocco o olio di semi d'uva

- 2-3 gocce di olio essenziale di gelsomino

- 2-3 gocce di olio essenziale di Vetiver

- Ciotola piccola per mescolare gli oli

- 1 paio di guanti di plastica usa e getta

- Forniture per rompere gli zoccoli

- Penna a inchiostro d'oro

- Pezzo di carta verde

- Pietra citrino

- 1/8 cucchiaino di timo essiccato

- 1/8 cucchiaino di petali di rosa essiccati

- Mortaio e pestello

- Ciotola ignifuga

- Incenso di pino

Fase uno: sfocare la stanza

Pulisci la tua stanza da tutte le energie negative con un bastoncino di salvia. Spegnilo una volta che hai liberato la stanza.

Fase due: incenso di pino chiaro

Prima di iniziare il lavoro, accendi l'incenso di pino e libera la mente da tutte le paure e apprensioni. Puoi recitare un mantra o dire una preghiera quando accendi l'incenso. Crea un cerchio di protezione intorno a te.

Fase tre: utilizzare mortaio e pestello

Con il mortaio pestare il timo essiccato e i petali di rosa fino a formare una polvere. Accantonare.

Fase quattro: scrivi il tuo desiderio in oro

Sulla carta verde, usa la penna a inchiostro d'oro per scrivere il tuo desiderio di denaro. È meglio mantenerlo breve e aperto in modo che l'universo possa darti il meglio dei tuoi desideri. Una volta terminato, versate al centro del foglio il timo tritato e i petali di rosa. Raccogliete i quattro angoli e girateli per formare un sacchetto. Accantonare.

Fase cinque: mescolare gli oli

Usando la piccola ciotola, versa l'olio vettore (oliva, cocco o vinaccioli), gli oli essenziali di gelsomino e il vetiver insieme. Agitare delicatamente gli oli per mescolare.

Fase sei: vestire la candela

La candela d'oro rappresenta il minerale d'oro estratto dalla Terra e ha potenti energie. Indossa i guanti monouso, immergi la punta delle dita nella ciotola degli oli misti e ungi la candela partendo dall'alto e tirando l'olio verso il basso per tutta la lunghezza della candela. Ripetere fino a quando l'intera candela è stata condita con l'olio. Posizionato sul lampadario. Togliti i guanti e gettali.

Passaggio sette: mantra per accendere le candele

Mentre accendi la candela, ripeti un mantra preferito, lentamente e deliberatamente, mentre pensi al tuo obiettivo di soldi. Potresti preferire ripetere un mantra orientato al denaro. Puoi usare questo:

"Soldi, soldi, ti sto chiamando,

Vieni ora in risposta alla mia chiamata,

Attraversa tutti i blocchi e le barriere

Trova questo percorso che creo solo per te

Porta con me la tua nuova casa

e resta per sempre."

Fase otto: bruciare carta ed erbe

Visualizza pile di denaro che attirano l'attenzione e marciano verso di te e fuori dalla porta di casa. Immaginate di accumulare denaro in casa, sempre più banconote impacchettate che saltano nelle pile. Prendi il sacchetto di carta verde che hai realizzato e attacca un angolo alla fiamma della candela. Lascialo bruciare per un po', quindi riponilo al sicuro nel contenitore ignifugo. La borsa dovrebbe essere bruciata da sola.

Passaggio nove: permetti alla candela e all'incenso di spegnersi

Vuoi che la candela e l'incenso brucino. Non lasciare mai una candela accesa incustodita. Non spegnere la candela. Saboterà questo incantesimo e lo spezzerà prima che tu abbia il tempo di lanciarlo.

Passo dieci: chiudi il cerchio della protezione

Una volta terminato il lavoro, chiudi il tuo cerchio di protezione. Dovresti riscontrare un cambiamento nei tuoi soldi / finanze entro i prossimi 28 giorni. Di solito è necessario un ciclo lunare completo affinché gli incantesimi si manifestino, ma a volte possono essere molto più veloci.

Il sacco dei soldi

Questa semplice borsa per attirare denaro funziona sulla teoria che il simile attrae il simile; In poche parole, il denaro attira più denaro. Sentiti libero di cambiare la formulazione dell'incantesimo in base alle tue esigenze, se necessario; è un po' birichino e semplicistico, ma ha funzionato per me in passato. Come sempre, usa il tuo miglior giudizio. Avrai bisogno dei seguenti elementi:

- Una candela d'argento e una candela d'oro.

- Una piccola borsa di stoffa con coulisse.

- Una manciata di soldi finti (banconote o monete) di diverso taglio

- Un taglock (collegamento magico) per te (capelli, ritagli di unghie, ecc.)

- Zenzero (per potere e successo) Noce moscata (per prosperità)

-

Prepara il tuo spazio di lavoro come fai normalmente; se vuoi fare un cerchio, vai avanti. Accendi le due candele d'argento su entrambi i lati del tuo spazio, in modo da lavorare insieme. Mentre li accendi, dì:

"Oro e argento, argento e oro fanno entrare i soldi e i dollari escono".

Metti i tuoi soldi finti e il taglock nella borsa. Mentre lo fai, pensa a te stesso e a quanti soldi siete insieme. Puoi anche strofinare insieme il collegamento magico e il denaro mentre li metti nella borsa mojo. Raccontare:

"Cacciato per necessità, non per avidità, tutto ciò che chiedo è ciò di cui ho bisogno."

Metti lo zenzero e la noce moscata nel sacchetto e concentrati sul successo e la prosperità che ti aspettano.

Tieni la borsa tra le mani e dì:

"Dieci, venticinque e uno, come voglio, sarà fatto."

Ora, prenditi un momento per pensare a cosa farai con i soldi che ti vengono incontro. Lo userai per pagare i debiti? Pagare un conto? Hai qualche soldo in più per la spesa? Lascia che le candele si brucino da sole. Metti la borsa in un luogo sicuro dove non sarà toccata o vista.

Incantesimo di denaro semplice per bambini

Questo incantesimo di denaro molto semplice è facile, così facile che i bambini possono farlo, sebbene anche gli adulti abbiano un certo grado di successo con esso. Come Money Mojo Bag, funziona sulla teoria che il simile attrae il simile: il denaro attrae più denaro. Sentiti libero di cambiare la formulazione per soddisfare meglio le tue esigenze, se lo desideri. Avrai bisogno di quanto segue:

- Un quadrato di carta verde

- Nove centesimi

- un involucro

Fai questo incantesimo fuori, sotto un albero. Prendi il foglio di carta e scrivici sopra la somma di denaro che vorresti ricevere, anche se puoi metterci qualsiasi cifra, sii realistico e ragionevole. Piega la carta tre volte e poi mettila nella busta. Aggiungi i centesimi. Raccontare:

"Nove cent per far fluire prosperità. Nove cent per moltiplicare, nove cent per crescere."

Sigilla la busta e disegna un simbolo del dollaro all'esterno. Seppellire la busta sotto l'albero (attenzione a non avvicinarsi troppo alle radici!) e coprire il buco. Chiedi all'albero di tenere d'occhio i tuoi centesimi e i soldi inizieranno a riversarsi presto.

Fai i tuoi soldi sapone

Prepara un lotto di sapone per soldi per portare prosperità sulla tua strada. Avrai bisogno dei seguenti elementi:

- Base di sapone alla glicerina
- Colorante alimentare verde

Tre parti uguali di quanto segue:

- foglia d'alloro

- Basilico

- Camomilla

- Trifoglio

- Cinquefoil

- Fava Tonka

- Mirto

- fiore di mela

- Girasole

- mentuccia

Opzionale:

- Una banconota da un dollaro a brandelli
- Scaglie d'oro

Sciogliere la base di sapone a bagnomaria, seguendo le istruzioni del produttore. Seleziona le tue tre erbe e mescola parti uguali.

Usa un mortaio e un pestello per tritarli il più possibile. Aggiungili al sapone fuso. Aggiungi una o due gocce di colorante alimentare verde, ma non esagerare, perché un po' di colorante alimentare fa molto!

Se vuoi usare scaglie d'oro o strisce di una banconota da un dollaro triturata, aggiungile ora.

Versare il sapone fuso negli stampini preparati e riporre in un luogo fresco per indurire. Lasciare che i saponi si induriscano per almeno 24 ore prima di rimuoverli dagli stampi. Lavati le mani con questo sapone per portare prosperità nella tua vita o usalo in un bagno rituale. Un'altra idea divertente è avvolgere i saponi nella carta, legarli con un bel nastro o un pezzo di rafia e presentarli agli amici.

olio di denaro

Se non hai familiarità con la miscela di oli magici, assicurati di leggere Magical Oils 101 prima di iniziare.

Per fare questo, usa 1/8 di tazza di olio base a tua scelta. Aggiungi quanto segue:

- 5 gocce di sandalo

- 5 gocce di patchouli

- 2 gocce di zenzero

- 2 gocce di Vetivert

- 1 goccia di arancia

Mentre mescoli gli oli, visualizza la tua intenzione e assorbi il profumo. Sappi che questo olio è sacro e magico. Etichetta, data e conserva in un luogo fresco e buio. Usa il tuo olio monetario per vestire candele o ungere altri oggetti che utilizzerai nella magia del denaro, talismani e amuleti o rituali.

Rituali di denaro per maghi esperti

L'incantesimo del magnete del denaro

Creato per i momenti in cui vogliamo vendere qualcosa, migliorare le situazioni lavorative o uscire dai debiti.

Ti consiglio di fare questo incantesimo di notte, durante la mezza luna.

Cose di cui hai bisogno:

- Un bicchiere di vino vuoto

- Due candele nere

- Una manciata di riso bianco

- Monete

- Com'è fatto

Iniziamo accendendo le due candele che devono essere posizionate una per lato del calice.

Nella parte inferiore della tazza mettiamo un piccolo magnete.

Quindi prendiamo una manciata di riso bianco e lo mettiamo nella tazza.

Dopo questo, abbiamo bisogno di 12 monete con un valore casuale. Deve essere 12 monete perché ogni moneta rappresenta un mese in un anno.

Infine, lasciamo bruciare le candele fino alla fine.

È essenziale che tutto ciò di cui sopra sia fatto in un luogo nascosto, da qualche parte in casa.

Attrarre ricchezza per gli altri

Questo incantesimo aiuta qualcuno vicino a diventare una calamita per la ricchezza. Può essere un amico, il nostro partner o un familiare.

Questo incantesimo può essere eseguito in qualsiasi momento della giornata, ma è estremamente importante che la persona che ne beneficia non ne sia consapevole, poiché potrebbe causare l'effetto opposto.

Cose di cui hai bisogno:

- Un piccolo bicchiere, bottiglia o contenitore con coperchio.

- foglie di alloro

- Sette monete

- Una candela nera

- Un pezzo di carta

- Una matita

Come farlo:

Per prima cosa accendiamo la candela nera e la mettiamo davanti al barattolo.

Successivamente, inseriamo sette foglie di alloro una per una, ripetendo ogni volta il nome della persona che vogliamo aiutare.

Quindi prendiamo sette monete e le mettiamo nel vaso tutte in una volta. In questo modo, chiediamo che il denaro raggiunga quella persona in una volta sola.

Su un piccolo pezzo di carta scriviamo il nome (a matita) della persona che vogliamo aiutare e lo lasciamo nel barattolo.

Infine, usiamo il coperchio per chiuderlo e lasciamo che il rituale finisca fino a quando l'intera candela non si esaurisce.

Rituale del denaro di magia nera con legno di sandalo

Questo è un semplice rituale che ti aiuterà ad attirare ricchezza con pochi ingredienti di base.

Cose di cui hai bisogno:

- Sandalo

- Acqua purificata

- un rosario

- Una candela nera

- Com'è fatto

Per prima cosa, abbiamo bisogno di un bicchiere con acqua purificata o acqua minerale.

Mettilo in un luogo pieno di luce solare. Dobbiamo farlo perché la luce del sole purifica l'acqua.

Successivamente, mettiamo il bicchiere d'acqua insieme al legno di sandalo sotto il letto.

Poi ti rotoli un rosario in mano e vai a dormire tenendolo!

Una volta che il posto è pulito, ti suggerisco di posizionare piante che attirano denaro negli angoli della casa. Quindi chiama la ricchezza tenendo una candela nera attorno a queste piante.

Una delle migliori piante è la pachira.

Queste piante sono conosciute come le piante milionarie o le piante monetarie cinesi. Queste sono le migliori tra cui scegliere, ma puoi cercare qualsiasi altra pianta che allusi alla ricchezza e alla prosperità economica.

Rituale di attrazione della ricchezza di 2 minuti
Condividi questo rituale con le tue amiche streghe.

Se vuoi qualcosa che funzioni fuori dagli schemi, dovresti provare questo.

Cose di cui hai bisogno

Monete di valute diverse

Come farlo:

Mettili a terra. Non dovrebbero toccarli e gli altri non dovrebbero vederli.

Mentre li indossi, devi ripetere questa frase:

"Il denaro depositato a terra attira rapidamente più denaro alla mia porta"

Rituale di 4 candele 1 banconota

Hai solo bisogno di 3 semplici cose per farlo funzionare.

- Quattro candele

- Una fattura

- Monete

- Com'è fatto

Metti 4 candele in posizione rettangolare.

Al centro di questo rettangolo metti una banconota con delle monete intorno.

Mentre metti queste monete su una banconota, qualunque preghiera tu voglia. Puoi anche usare una preghiera usata nel rituale precedente.

Antico rituale del denaro magico

Questo potente rituale richiede acqua dal fiume più vicino. L'acqua del fiume funge da portale per le potenti energie del nostro e di altri mondi.

NON dovresti usare l'acqua del rubinetto o in bottiglia!

Cose di cui hai bisogno

- Acqua di fiume.

- Un foglio di carta pergamena.

- Un pennarello verde.

- Un barattolo di vetro.

Come farlo

Con il pennarello verde scrivi queste parole magiche sulla carta pergamena: "Adra Adarah Darah Dra. 10 volte più ricca. 100 volte più ricco. 1000 volte più ricco".

Piega la foglia quattro volte e mettila all'interno del barattolo di vetro.

Versa l'acqua del fiume nella brocca recitando dieci volte questa formula magica:

"Adra Adarah Darah Dra. Le acque della fortuna porteranno abbondanza. Non ci sarà più povertà. Solo abbondanza."

Tieni il barattolo (aperto) sul davanzale della tua camera da letto per dieci notti consecutive.

L'undicesimo giorno, all'alba, vai al fiume, gira l'acqua nella tanica e metti via la carta.

Lascia asciugare la carta al sole per un giorno intero.

Prendi il foglio, bacialo e dì: "Mi porterai fortuna e abbondanza".

Conserva il lenzuolo in un luogo della casa dove nessuno possa trovarlo (ma possibilmente non al chiuso).

8: Rituali per il lavoro

Cominciamo con i rituali che sono per principianti, anche se ce n'è uno per il quale ti consiglio di provare con altri prima, vedrai.

Rituali per principianti

Tutti dovrebbero avere questo talismano se stanno cercando un nuovo lavoro.

Come mai? Perché quando sei sul posto di lavoro, attirare fortuna e nuovi lavori è sicuramente fantastico per trovare il lavoro dei tuoi sogni. Creare un talismano è molto facile e molto efficace.

Devi solo lasciare che il tuo intuito funzioni ed essere molto aperto e onesto su ciò che vuoi dal tuo prossimo nuovo lavoro.

Con questo in mente, creerai davvero un potente talismano per ottenere un nuovo lavoro.

Cose di cui hai bisogno

- Un foglio di carta pergamena.

- Un pennarello blu.

- Sei candele bianche.

- Sale.

Come creare e caricare il talismano:

Con il pennarello blu, disegna il sigillo sulla carta pergamena. Ecco una guida che mostra come crearne uno.

Posiziona le sei candele bianche in cerchio attorno al talismano.

Con il sale, disegna un cerchio attorno al talismano e alle candele.

Accendi le candele bianche una ad una in senso orario partendo da quella rivolta ad est, recitando per ogni candela che accende questa formula magica:

"Potresti trovarmi il lavoro dei miei sogni? La luce potrebbe mostrarmi la strada per una vita lavorativa migliore e più piena. Possa la fortuna benedire il mio viaggio...sono pronto per ricominciare...così sia. "

Lascia che le candele si spengano.

Piega il talismano in quattro e tienilo sempre con te finché non trovi lavoro. Portalo con te quando cerchi lavoro, mettilo in tasca, in una borsa. Finché sono con te, va più che bene fare quella che pensi sia la chiamata giusta per te.

Indipendentemente dal fatto che il talismano sia stato efficace o meno, brucialo dopo un mese.

Puoi anche controllare il mio articolo sui talismani per la protezione.

Trova un lavoro: incantesimo di magia bianca

Questo semplice incantesimo di magia bianca è utile per cambiare la tua vita professionale.

Se non hai un lavoro e sei stanco di sentirti così triste e depresso, questo è l'incantesimo che devi lanciare. Questo incantesimo può aiutarti a trovare rapidamente un lavoro per avere finalmente ciò che meriti.

Questo è perfetto quando hai alcune abilità che non hai ancora usato per creare una grande vita professionale.

Fallo di domenica, se puoi. Altrimenti, scegli un giorno in cui puoi dedicarti a questo incantesimo e impegnarti al 100% nella sua pratica.

Cose di cui hai bisogno

- Un foglio di carta

- Una candela blu

- Se non ne hai uno, usa una candela bianca.

- Foglie di menta

- (o foglie di alloro).

- Una piccola padella

- Vassoio di metallo

- Com'è fatto

Per prima cosa, scrivi un lavoro che ti piacerebbe avere su un pezzo di carta. Inoltre, cerca di concentrarti sui dettagli di qualsiasi occupazione che sogni di fare, quindi lo stipendio, una posizione in cui ti piacerebbe lavorare, ecc.

Più dettagli ci sono, più efficace sarà, quindi prova a immaginare i dettagli ma cerca di essere realistico.

A questo punto accendi una candela blu scuro di media grandezza e posizionala su un grande vassoio di metallo.

Leggi quello che hai scritto più volte per memorizzarlo, poi piegalo a forma di cono e lascialo bruciare lentamente sulla fiamma della candela, lasciando la sua cenere nel tuo cassetto preferito.

Dopo un giorno, lascia le ceneri in un vasetto contenente la menta piperita e lascia lì tutto fino ad ottenere i risultati desiderati.

Mentre aspetti, non restare a casa senza far nulla. Continua a guardarti intorno, a leggere le offerte di lavoro che trovi, prima o poi le troverai.

Cerchio magico per trovare lavoro

Se hai un libro delle ombre, allora devi provare questo incantesimo.

Questo incantesimo è di media difficoltà, quindi se sei un principiante, prova prima qualcosa di più facile e più adatto ai principianti.

Non c'è niente di sbagliato nel salvare questo tipo di incantesimo per dopo, quando si è abbastanza esperti da lanciarlo da un luogo di serenità e preparazione.

Meglio se eseguito di domenica sera, questo incantesimo può essere lanciato anche in una notte di luna nuova stabilendo nuove intenzioni per il prossimo mese.

Con questo incantesimo, trovi un modo per superare qualsiasi ostacolo tra te e il lavoro dei tuoi sogni.

Cose di cui hai bisogno

- Un libro di ombre.

- Un foglio di carta pergamena.

- Un pennarello verde.

- Un pennarello rosso.

- Dieci candele bianche.

- Com'è fatto

Disponete le dieci candele bianche in cerchio e ruotatele in senso orario iniziando da quella rivolta ad est.

Scrivi sulla carta pergamena: con il pennarello verde il tuo problema di lavoro da risolvere, con il pennarello rosso, quale per te potrebbe essere una soluzione a quel problema.

Apri il libro delle ombre e recita dieci volte questa formula magica:

"La fortuna e il successo vengono da me... vieni nella mia vita lavorativa... potresti prendere l'iniziativa... potresti aiutarmi a trovare il lavoro che merito... ti offro la mia energia e il mio mestiere... che tutti gli ostacoli svaniscono... forse a modo mio? al successo è aperto e facile per me arrivarci... alla luce... alla luce benedetta dell'universo... sia benedetta la mia intuizione... benedetta la mia vita lavorativa...".

Piega il foglio in due e inseriscilo nel libro.

Chiudi il libro delle ombre e recita dieci volte la formula magica precedente.

Lascia che le candele si esauriscano completamente.

Tieni il Libro delle Ombre sotto il letto per dieci notti consecutive.

Ogni sera, prima di andare a dormire, inginocchiati, prendi il libro in mano e recita dieci volte la formula magica del rituale.

Mentre lo reciti, concentrati il più possibile sulla visualizzazione del tuo problema.

L'undicesimo giorno, all'alba, bruci il lenzuolo, spargendo le ceneri al vento.

Se dopo due settimane l'incantesimo continua a non funzionare, puoi lanciarlo di nuovo. Questa volta cerca di concentrarti e visualizzare ancora di più con un atteggiamento e una mentalità aperti e impegnati.

Trova la tua strada per il successo

Questo è uno degli incantesimi più veloci da lanciare e richiede solo due cose.

Se è la prima volta che lanci un incantesimo e vuoi avere successo nella tua ricerca di lavoro, questo è l'incantesimo giusto da provare!

Essendo molto semplice e non avendo una lista infinita di ingredienti, dovresti fare del tuo meglio per visualizzare ciò che vuoi e impegnarti sinceramente e concentrarti su questo momento di casting.

Cose di cui hai bisogno

- Una candela bianca
- Una tua foto
- Com'è fatto

Medita per alcuni minuti per liberare la mente e rilassarti.

Accendi la candela bianca.

Prendi la tua foto in mano e pronuncia tre volte queste parole:

"Lo vedo... lo sento... la luce del successo sta arrivando verso di me... lo sento... ho successo... sono fortunato... sono pronto a fare ciò che amo con un cuore aperto e una mentalità aperta ... potrebbe essere questa la mia occasione per ritrovare la strada per un'esperienza lavorativa soddisfacente ... il lavoro dei miei sogni è finalmente mio ... lo benedica. "

Ripetere il rituale per sette notti consecutive prima di coricarsi.

Incantesimo a doppio senso per trovare un lavoro

Questo incantesimo può essere utilizzato in due modi: cercare un nuovo lavoro o sostituire uno esistente con uno nuovo e migliore.

Tieni presente che eseguire un incantesimo o eseguire un rituale quando siamo nervosi e impazienti non avrà successo se lo facciamo completamente rilassati e con una mente aperta. Rilassati e poi scegli qual è il modo migliore per lanciare questo incantesimo.

Questo non è un incantesimo per principianti, ma intermedio. Se hai un po' di esperienza, provalo!

1. Per trovare un nuovo lavoro

Cose di cui hai bisogno

- Diverse offerte di lavoro scelte da un giornale o prese da Internet (ricordarsi di conservare le copie che utilizzeranno gli originali nell'incantesimo)

- Una lunga corda

- Una piccola scatola di metallo

- Una candela verde (usa una candela bianca se non ne hai una verde)

- Zenzero

Lega tutte le offerte di lavoro con lo spago, quindi accendi la candela verde e posizionala alla tua sinistra.

Posiziona gli annunci di lavoro nella scatola di metallo e chiudila, lasciando un pezzo di spago fuori dalla scatola.

Ricorda di posizionare la scatola a una certa distanza in modo da poter tirare la corda. Inoltre, tienilo vicino alla candela.

Posiziona lo zenzero alla nostra destra per visualizzare il lavoro che vogliamo fare.

Durante la visualizzazione, dovrai iniziare a tirare la corda finché la scatola non sarà molto vicina a te.

Quando la scatola sarà aperta e avrai tirato fuori le offerte di lavoro, dovrai accendere la candela verde. In questo modo rilasceremo la loro energia.

Tieni la scatola di metallo come un ciondolo e portala con te a tutti i colloqui di lavoro.

2. Per cambiare lavoro
Cose di cui hai bisogno

- Una candela verde scuro

- Una candela rossa

- Una candela marrone

- Un foglio con la descrizione del lavoro che vorresti fare dopo la modifica.

- Com'è fatto

Accendi le candele a triangolo e posiziona la foglia piegata al centro.

Ripeti la preghiera del rituale sette volte:

"Sono contento di quello che ho, ma voglio migliorarmi e crescere sul posto di lavoro in un luogo più adatto alle mie aspettative. Per questo motivo prego gli dei, la dea, gli spiriti guida, gli inarrestabili operatori di luce di aiutarmi nelle indagini. Così sia."

Questo rituale deve essere ripetuto sette giorni di seguito.

Attira un incantesimo di lavoro da sogno

Ci vuole un po' di tempo per eseguire questo incantesimo, ma se lo fai correttamente, puoi aspettarti cambiamenti significativi nella tua vita.

Questo rituale può essere eseguito in qualsiasi giorno della settimana.

Cose di cui hai bisogno

- Una scatola di metallo
- Due candele blu (o candele bianche se non hai candele blu)
- Tre bastoncini di cannella (o un pizzico di cannella in polvere)
- Una piuma rossa
- Sei fogli di carta
- Com'è fatto

La prima cosa di cui avrai bisogno è un tavolo e una scatola di metallo.

Su di essa metterai due candele, che accenderai e metterai al centro della scatola di metallo.

Poi prendi un foglio di carta e con la tua penna rossa annota il lavoro che vuoi e la cifra che vuoi guadagnare. Ripetere questa operazione per tutti e sei i fogli.

Su ogni foglio di carta, alla fine, dovresti scrivere la seguente frase:

"Le porte che ho chiuso per ottenere un buon lavoro ora si apriranno. Troverò un lavoro che mi dia la sicurezza finanziaria di cui ho bisogno. Tutte le porte si apriranno nel nome dell'universo che ci circonda".

Una volta che hai finito di scrivere, dovresti metterli all'interno della scatola di metallo accanto alle candele.

Quindi è necessario aggiungere i bastoncini di cannella e accendere i fogli di carta fino a consumare completamente gli elementi.

Quando il fuoco consuma tutto, prendi con molta attenzione la scatola di metallo e spostala intorno al tuo corpo.

Fai molta attenzione, perché la scatola sarà calda, quindi cerca di non bruciarti o ferirti. Devi lasciare che il fumo tocchi il tuo corpo.

NON dovresti saltare questo punto perché, senza di esso, il rituale sarà inutile.

Ecco alcune regole generali:

Devi ripeterlo per tre giorni consecutivi.

Dopo tre giorni, devi buttare via tutto.

E dopo una decina di giorni vedrai i risultati.

Avrai il lavoro dei tuoi sogni.

Non dimenticare di continuare a credere nella magia e nel tuo mestiere per farlo funzionare.

Non essere impaziente di vedere i risultati, ma continua a pensare all'incantesimo come a un'opportunità per diffondere un po' di energia positiva intorno a te e alla tua vita lavorativa.

Santa Clara e l'incantesimo per trovare un lavoro

Questo è uno degli incantesimi più veloci che chiunque può lanciare.

Questo incantesimo è dedicato a Santa Clara. Sii umile e aperto a lasciare che la loro energia ti benedica e ti guidi. Segui attentamente questi passaggi e prova a lanciare questo incantesimo con mente e cuore aperti. Lancia questo incantesimo di domenica, il giorno perfetto per connetterti sia con gli incantesimi del travaglio che con l'energia di Santa Clara.

Cose di cui hai bisogno

- Un profumo di sandalo (o lavanda)
- Un foglio di carta
- Una manciata di zucchero bianco
- Un bicchiere
- Acqua
- Una penna di qualsiasi colore
- Chiave nuova o usata

Prendi un foglio di carta e scrivi il tuo nome completo tre volte di seguito.

Riempi il bicchiere o la tazza a metà con l'acqua.

Piega la carta, quindi immergila nell'acqua.

Quindi aggiungerete un po' del profumo di sandalo nell'acqua, senza versarlo.

Una volta terminato, verserai tre cucchiai di zucchero bianco. Devi anche aggiungere lentamente una chiave.

Questa chiave sarà il simbolo dell'apertura della porta alla prosperità (un nuovo lavoro).

Quando finisci di fare tutto questo, devi invocare Santa Clara in modo che il lavoro che desideri venga presto da te.

Invocando Santa Chiara, recita la seguente preghiera:

"Beata Santa Clara, aiutami a farmi strada insieme alla forza dell'universo, in modo che io possa arrivare a quel lavoro che desidero così tanto, che dovrebbe essere."

Quando hai finito di conservare tutto per sette giorni, dovresti buttare tutto fuori di casa. Puoi buttarlo nel tuo giardino, purché sia fuori casa.

Un incantesimo di lavoro veloce per qualcun altro

Puoi lanciare questo incantesimo per te stesso o per qualcuno che ami e a cui tieni, che ha bisogno del tuo aiuto per trovare un lavoro.

Cose di cui hai bisogno

- Un foglio di carta

- Una moneta d'argento o di rame

- Una candela bianca

- Una matita o una penna

Per iniziare, scrivi il tuo nome completo (se lo emetti tu stesso) o il nome della persona per la quale lo emetterai.

Sull'altro lato, scriverai la data di nascita.

Quando hai finito, accendi una candela bianca e posiziona la carta e la moneta sul lato sinistro della candela.

Dopodiché, devi invocare tutto l'aiuto e l'energia dell'universo e del santo in cui riponi la tua fede.

Chiedi con la convinzione che quello che chiedi sarà realtà.

Aspetta che una candela si accenda, tieni la carta insieme alla moneta in qualsiasi punto della casa. Assicurati solo di non perderlo.

Dovrebbe essere tenuto da qualche parte fino a quando tu o la persona amata non trovate un lavoro.

Quando ciò accade, bagna la carta e gettala via.

Sigillo magico con intenzione

Ora il primo passo (dopo aver trovato un lavoro che ti piacerebbe davvero) è dare vita a questa intenzione con la magia. Un altro motivo per assicurarti che stai cercando un lavoro che sicuramente desideri: la tua intenzione sarà molto più forte. Se non sei soddisfatto del lavoro e non lo vuoi davvero, come puoi dare peso alle tue intenzioni?

Crea un sigillo, essendo il più chiaro e specifico possibile. Usa il nome dell'azienda nella tua frase di intenti e assicurati di esprimerlo al tempo presente. Ad esempio, "Il tal dei tali mi assumerà alla fine di agosto". Una volta che la tua furtività è terminata, disegnala su una foglia di alloro. Le foglie di alloro non sono le migliori tele del mondo, quindi prendi delle ricariche per ogni evenienza.

Incidi la runa del successo (sowilo) sul lato di una candela gialla o dorata e accendila. Pronuncia la tua preghiera di intenzione due volte e, dopo ogni recita, passa la foglia di alloro del sigillo attraverso la fiamma, prima a destra, poi a sinistra. Ancora una volta, pronuncia la tua frase di intenti, ma questa volta molto forte e audace. Quindi mettete la foglia di alloro sulla fiamma in modo che prenda fuoco. Mettilo in un contenitore ignifugo (come un posacenere di vetro) e assicurati che l'intera foglia si trasformi in cenere.

Raccogli la cenere fuori e trova una pietra vicino a casa tua. Le dimensioni non contano, deve essere solo una pietra che non viene spostata da molto tempo e riceve la luce del sole ad un certo punto della giornata; non scegliere una pietra che sia sempre in ombra. Strofina un po' di cenere sul dito e ridisegna il sigillo sulla pietra.

Dolce benedizione del curriculum
Quando cerchi un lavoro, è una buona idea modificare il tuo curriculum e la lettera di presentazione per adattarli specificamente a quel lavoro. Non limitarti a distribuire il curriculum che dai a tutti gli altri, fallo brillare personalizzandolo per il lavoro che desideri.

Una volta che lo hai perfetto, puoi dargli una spinta in più benedicendolo. Fallo risaltare tra tutti gli altri!

Avrà bisogno:

- Semi di Lacrime di Giobbe (tre)

- Mela

- Pecan

- Zucchero

- pentola di rame

- Un flacone spray

- Cavo giallo o oro

Riempi la pentola con acqua e portala a ebollizione, quindi aggiungi sette cucchiai di zucchero all'acqua e mescola in senso orario finché tutto lo zucchero non si sarà sciolto. Una volta che fuoriesce del vapore dalla pentola, avvicina il viso al vapore (ma non all'interno) e soffia delicatamente. Questo dovrebbe creare un piccolo "tornado" sull'acqua, ruotando in senso orario.

Recita questo incantesimo, usando il respiro per far girare il tornado:

"Dolce respiro, dolce vapore

Ora lavori per me

Ti mando su e fuori

E ti do lacrime di tre

(Metti i semi nella mano destra e tienili sopra il vapore)

"Benedici quest'acqua dolce

Ascolta la mia chiamata

Sono molto al di sopra degli altri (alza la mano con i semi)

Più degno di tutti loro"

Togli la pentola dal fuoco. Tritare o schiacciare la mela e la noce in una pasta, quindi aggiungere lentamente un po' di acqua zuccherata per renderla più liscia e più facile da lavorare. Ora arriva la parte divertente! Porta questa miscela all'esterno. Ricordi quella pietra su cui hai disegnato il tuo sigillo? Supera di nuovo la furtività con questo dolce mix di mele, come se stessi dipingendo la pietra. Usate tutta la pasta e mettetela densa. Nei prossimi giorni verranno formiche e lavoratori laboriosi e porteranno la tua intenzione al mondo!

Conserva il resto dell'acqua e aggiungilo a un flacone spray. Stampa il tuo curriculum e posiziona le lacrime di lavoro al centro. Piega il curriculum tre volte in verticale, poi tre volte in orizzontale in modo da creare un piccolo sacchetto contenente i semi. Avvolgi questo sacchetto con il cordoncino come un pacchetto, quindi spruzzalo tre volte con acqua zuccherata; non bagnarlo, sarà sufficiente solo una leggera nebbia. Job's Tears è un ottimo modo per trovare un lavoro, quindi tieni questa borsa con te finché il lavoro che stai cercando non è tuo.

Rituale per farti ricordare

Le persone si preoccupano molto delle interviste, ma in realtà non sono necessarie. Se hai scelto un lavoro che fa per te, che desideri e che ti appassiona, potrai parlare con entusiasmo durante questo processo e impressionare i futuri datori di lavoro. Sei pronto!

Ma so che l'idea mette ancora a disagio alcune persone, il che non ti farà alcun favore durante l'intervista, quindi ho escogitato una ricetta per portare un po' di fascino con te. Questo aiuterà con la comunicazione, la fiducia e il mantenimento di quell'energia positiva!

Avrà bisogno:

- Candela nera

- Pepe nero

- Una borsa verde o gialla

- Foglie di menta

- sodalite

- lacrime di lavoro

- Runa Tiwaz (per il successo)

- Un gettone fortunato preferito a tua scelta

Ai lati della candela nera, registra tutte le tue paure su questa intervista. Forse hai paura di dire la cosa sbagliata o non conosci la risposta a una domanda. Bene, bandisci quella negatività nel qui e ora! Accendere la candela e cospargere di pepe sulla fiamma.

Mentre brucia, riempi il sacchetto con la menta, la sodalite, le lacrime di Giobbe, la runa e il gettone fortunato. Legalo stretto in modo che non si rovesci nulla e portalo con te a tutte le interviste. Continua così se parli al telefono con un potenziale datore di lavoro. Ogni settimana (i giovedì sono i migliori), accendi una candela verde e brucia dell'incenso di sangue di drago. Tieni questo sacchetto nel fumo dell'incenso per pulirlo e passa rapidamente attraverso la fiamma verde della candela per caricare. Velocissimo, non lasciare che prenda fuoco!

9: Rituali di salute

La salute è fondamentale, quindi non possono mancare i rituali per raggiungerla e mantenerla. Andiamo con i rituali più semplici e chiuderemo con uno che è solo per esperti perché è davvero complesso.

Rituali di salute per principianti

Incantesimo di guarigione con le candele

È fatto con una candela blu e olio di cannella.

- Fai Ritual Bath con un pizzico di rosmarino.
- Ottieni il permesso dalle persone
- Scrivi il nome della persona che ha bisogno di guarire su una candela blu.
- Spennellare con olio di cannella.
- Visualizza le energie curative che fluiscono nella candela.
- Brucia la candela per 4 minuti al giorno.

Durante la visualizzazione, dì:

Nel nome della dea e del dio che dà vita a tutti noi,

Consacro e porto questa candela come uno strumento magico per la guarigione.

Metti la candela sopra un'immagine della persona che ha bisogno di guarigione.

Accendi la candela.

Mentre la candela brucia, visualizza la persona nella tua mente, augurandole le energie di guarigione necessarie.

Canta quattro volte queste parole:

La magia viene riparata mentre la candela brucia

La malattia finirà e la salute tornerà.

Non fa male a nessuno, così sia

Al termine dell'intero incantesimo, gettare i resti / le ceneri nell'acqua corrente

Incantesimo di guarigione di 5 giorni
Elenco dei materiali

- Tovaglia d'altare blu

- Candela Astrale Personale

- 5 candele blu, per rappresentare la salute

- 1 nastro verde, 3 iarde

- 1 candela bianca di ringraziamento (tutte le candele possono essere coniche)

- candela funzionante

Preparare l'altare utilizzando la tovaglia blu. Posiziona la candela astrale al centro dell'altare e posiziona le 5 candele blu a forma di pentacolo attorno alla candela astrale.

Ora fai il tuo bagno rituale.

Cerchia nel tuo solito modo.

Con la candela funzionante, accendi la candela astrale, dicendo:

"Accendo questa candela che rappresenta me e tutto ciò che sono."

Accendi la candela blu, a partire dal n. 1, dicendo:

"Accendo questa candela che rappresenta lo spirito, chiedo forza, guarigione e tranquillità."

Accendi la candela blu n. 2, dicendo:

"Accendo questa candela che rappresenta la terra, chiedo forza, guarigione e tranquillità."

Accendi la candela blu n. 3, dicendo:

"Accendo questa candela che rappresenta l'aria, chiedo forza, guarigione e tranquillità."

Candela azzurra n. 4, che dice:

"Accendo questa candela che rappresenta l'acqua, chiedo forza, guarigione e tranquillità."

Accendi la candela blu n. 5, dicendo:

"Accendo questa candela che rappresenta il fuoco, chiedo forza, guarigione e tranquillità."

Lega un'estremità del nastro verde alla candela blu n. 1, quindi passare al n. 2, avvolgilo, quindi No. 3, poi n. 4, poi al n. 5, creando con cura un pentagramma, dicendo:

"Elementi di potere, guariscimi ora, nella mia ora disperata, così sia."

Ripeti finché tutto il nastro non è completamente avvolto attorno alle candele.

Ora siediti in silenzio, concentrandoti sul nastro verde e sulle candele, osservandoli prendere vita come una luce brillante che ti circonda e si libera di qualsiasi disturbo e ti guarisce.

Ripeti per cinque giorni, spegnendo le candeline ogni giorno quando hai finito con il rituale. L'ultimo giorno, se non hai finito, lascia che le candele si spengano completamente. (nota: se avvolgi il nastro più in basso attorno ai portacandele invece che alle candele, il nastro non prenderà fuoco.) Se il nastro brucia, mettilo in un contenitore ignifugo e poi spargi le ceneri a un bivio. Se il nastro rimane intatto, puoi metterlo sotto il cuscino finché la malattia non sarà passata. Quindi seppellirlo in un luogo ombreggiato dove non sarà disturbato o dissotterrato.

Accendi la tua candela bianca di ringraziamento e scatena la magia e lascia che faccia il suo lavoro.

Un altro rituale di guarigione con le candele

Materiale necessario:

- Candela per rappresentare una persona (preferibilmente candela immagine maschile o femminile)

- Una ciocca dei tuoi capelli, saliva, ritagli di unghie.

- Foto che rappresenti lo stato di salute che vuoi raggiungere (può essere una foto di una rivista o di te stesso in salute)

- 1 piccola candela in ciascuno dei tuoi colori astrali

- un olio curativo, come: sandalo, olio di loto, pino, ginepro, rosmarino (oppure puoi usare una combinazione o il tuo olio astrale)

- un incenso curativo, da abbinare al tuo olio, o una combinazione curativa.
- uno strumento da usare per incidere i sigilli sulla tua vela.

Preparazione

Puoi scegliere di farlo prima del cerchio o portare i rifornimenti e farlo all'interno del cerchio.

Prendi la tua candela, incidi su di essa rune o sigilli che identificano questa candela come tua, come il tuo nome, data di nascita, segno solare o se hai un sigillo o un segno personale che usi per rappresentarti. Metti i capelli e le unghie sulla candela, quindi prendi le altre due candele nei tuoi colori astrali e gocciola la cera della candela sulla candela che è stata inscritta. Gocciolare la cera soprattutto su capelli e unghie per tenerli a posto. (Se hai bisogno di maggiori informazioni su questo, vedi il file su come realizzare la tua candela astrale.) Spalma i tuoi fluidi corporei sulla candela e poi ungi la candela nello stesso modo in cui hai vestito la candela.

Mentre lo fai, dovresti cantare qualcosa come: "Sono bello, sono forte, sono sano, la malattia è scomparsa".

Continua a cantare mentre avvolgi la tua immagine intorno alla candela e fissala con altra cera. Metti questa candela in qualcosa di sicuro da bruciare completamente, magari un piatto extra large o un portacandele, in modo che quando l'immagine e altri pezzi sono accesi, questo non è un pericolo di incendio. La candela dovrebbe essere posta sul tuo altare.

Se non l'hai già fatto, fai il bagno rituale e poi cerchia nel solito modo.

Brucia l'incenso, macina e centra. Puoi stare in piedi o seduto, a seconda di quale ti è più comodo. Inizia ad aprire i tuoi chakra e assicurati di essere ben radicato prima di continuare. Prendi l'energia dalla terra e sentila girare dentro il tuo corpo. Quando sei pronto, accendi la candela.

Canta e brucia la candela. Dirigi l'energia che stai sollevando attraverso il chakra del terzo occhio e invia l'energia alla candela. Ora, prendi l'energia dal fuoco della candela e senti come entra nel tuo corpo e brucia tutte le malattie. Scambia l'energia che sollevi con l'energia purificante della candela. Visualizza la tua guarigione. Fallo il più a lungo possibile, secondo le tue capacità.

Quando sei completamente energizzato o ti senti pronto per andare avanti, chiudi i chakra e lascia che la candela si spenga. Apri il tuo spazio rituale. Seppellisci la cera rimasta nel tuo giardino. Assicurati anche di bere molta acqua, poiché questo aiuterà anche a purificare il tuo corpo. Ricorda, la guarigione, come la magia, non avviene nel vuoto; Devi anche fare tutto il possibile a livello fisico.

Incantesimo di sincronizzazione

Materiali:

- 1 vaso di terracotta
- terreno fresco
- pianta di coleus
- miracolo crescere

- 1 candela verde

- sassi o conchiglie di mare

- 1 mazzetto di salvia

Lancia il tuo cerchio e carica tutti i tuoi oggetti per un momento a lume di candela. Ungete tutto con la vostra acqua salata preferita.

Quando tutti gli elementi sono completamente carichi, inizia a mettere tutto insieme. Copri il fondo della pentola con sassi o conchiglie. (il sale rappresenta la guarigione e la pulizia). Riempi il vaso a metà con terriccio pulito e fresco. Pianta il tuo coleus e riempi il resto del percorso con più terreno. Diffondere miracolo crescere in cima. Accendi la candela verde. Sali a bordo con il saggio.

Poi dici:

Mentre questa vita diventa sana

Anche il mio corpo.

Fourishing e completo,

Le mie cellule usano il Karate

difendermi da

Tutti i mali e le malattie

Non hai bisogno di pillole

La mia sofferenza è alleviata.

Macchia di nuovo prima di terminare il rituale. Quindi visita la pianta per altri due giorni, accendendo la candela ogni volta finché non si esaurisce.

Rituale per curare l'influenza
Materiali:

una conchiglia o una pietra bucata. (Nota: devi trovarlo da solo nell'oceano).

Il giorno del rituale (il giorno prima della luna piena) vai in spiaggia e trova una conchiglia o una pietra con un buco. Nota che ti stai preparando per eseguire un potente rituale di guarigione. Sappi che utilizzerai tutti e cinque i poteri oltre al tuo potere di guarigione. Renditi conto che il guscio contiene le energie curative di acqua, fuoco (sole), aria e terra. Nota che tutti e quattro gli elementi si trovano nell'oceano.

Siediti tranquillamente e comodamente, siediti vicino alla riva. Rilassati e respira l'aria dell'oceano. Senti l'energia curativa dell'oceano che purifica, guarisce, potente forza vitale. Rallegrati del calore del sole mattutino sul tuo corpo. Senti le sue energie di guarigione positive.

Senti la sabbia sotto il tuo corpo. Questa è una grande forma di purificazione dell'elemento terra. Senti l'energia curativa della terra sottostante e prenditi cura di te, guarendoti.

Di fronte a te, disegna un pentagramma nella sabbia. (usa il dito). Disegna una runa curativa in ogni punto. (Questa runa sembra una "Z") Posiziona la conchiglia al centro.

Visualizza l'energia curativa di questo simbolo magico che entra nel guscio, per almeno cinque minuti. Questa conchiglia verrà ora utilizzata come ciondolo e deve essere indossata al collo o tenuta sempre a contatto con il corpo. Ricaricare ogni mese quando c'è la luna piena, ma riporre in un contenitore con sabbia e acqua di mare. Metti questa ciotola all'esterno, dall'alba all'alba.

Disegna un altro pentagramma nella sabbia. Disegna una "Z" al centro. Evoca Danu / Dana finché non hai guadagnato molto potere. Fatelo per almeno cinque minuti. Guarda le onde in arrivo e visualizza e senti il potere dell'oceano che ti guarisce. Mentre le onde si allontanano, senti la malattia spazzare via. Metti molto potere e concentrati su questo. Fatelo per almeno 15 minuti.

Per aiutare ad accelerare il recupero dalla malattia

Scrivi il nome della persona malata su una candela bianca a forma umana del genere corretto. Mentre lo spalmi con 3 gocce di mirra o olio di menta piperita, visualizza l'energia curativa sotto forma di luce bianca che fluisce dalle tue mani nella candela. Recitare:

"Nel nome divino della Dea che dà vita a tutti noi, consacro e porto questa candela come strumento magico di guarigione".

Posiziona la candela sopra una fotografia della persona malata e poi accendi lo stoppino. Quando la candela si spegne, concentrati sulla persona nella fotografia, desiderando che stia di nuovo bene. Poi recita:

"Riparazioni magiche e la candela brucia,

Fine della malattia, ritorno in buona salute".

Continua a concentrarti e a recitare finché la candela non si esaurisce da sola. (A questo punto suggerisco di prendere i resti della candela, avvolgerla in cotone bianco pulito e seppellirla all'esterno, seppellendo così la malattia.)

Ora sì, finalmente cosa aspettavano gli esperti maghi:

Rituale di salute per maghi esperti

Rituale di guarigione esclusivo per esperti

Questo incantesimo usa la magia delle candele. Se non hai mai lavorato con la magia delle candele, non temere! Abbiamo scritto una guida facile da seguire sulle basi della magia delle candele. Dai un'occhiata prima di iniziare questo incantesimo in modo da conoscere le basi.

Se non hai mai lanciato un incantesimo prima in generale, neanche questo è un problema! C'è sempre una prima volta per tutto e perché non iniziare con un incantesimo di guarigione. Dai un'occhiata a questo Spellcasting 101 per alcuni suggerimenti.

Il lancio di incantesimi funziona concentrando le tue intenzioni su ciò che desideri e quindi essendone così sicuro da manifestare il risultato che desideri. Questo richiede molta pratica, quindi non sentirti male se la tua concentrazione diminuisce durante l'incantesimo, è del tutto normale e succede ancora a me. Qualcosa che trovo che aiuta in questo è la meditazione. Imparare a concentrarsi e non perdere la concentrazione è un ottimo strumento per molte cose nella vita e la meditazione è un modo per raggiungere questo obiettivo.

Come la maggior parte degli incantesimi e delle opere magiche, è molto più facile ottenere risultati quando si dispone di un ambiente tranquillo con cui lavorare. È già abbastanza difficile concentrarsi con la TV accesa e il cane che abbaia, giusto? Trova un posto dove ti senti super tranquillo e lavora da lì. Non c'è uno spazio prescritto, se ti senti più a tuo agio nel tuo bagno, sentiti libero di lavorare da lì!

Poiché questo incantesimo utilizza la magia delle candele, assicurati di scegliere candele appropriate per la durata dell'incantesimo. Non vuoi 4 enormi candele da 30 ore perché l'incantesimo termina quando la candela si è consumata. Se hai un po' più di tempo, una candela di 4 ore è meravigliosa, ma non preoccuparti, non è necessario concentrare tutte le 4 ore.

Al momento, le mie candele preferite sono in realtà coni molto sottili che hanno un tempo di combustione di 30 minuti. Ciò significa che non devo controllare continuamente le mie candele e significa che ho tutto il tempo per un rituale davvero adorabile.

Se non riesci a ottenere le candele del colore giusto, non preoccuparti e usa candele bianche. Il bianco può sempre essere usato come colore sostitutivo se non hai la candela richiesta dall'incantesimo.

Ingredienti :

- Una candela bianca: il bianco rappresenta la pulizia e la purezza e ti aiuterà a portare pace.

- Una candela verde - Il verde è usato per la prosperità, l'abbondanza e la guarigione, in particolare la guarigione fisica.

- Una candela blu: il blu rappresenta protezione, serenità e buona fortuna. Funziona particolarmente bene per la guarigione se combinato con una candela viola.

- Una candela viola - Questo ti aiuterà ad accedere al tuo potere spirituale, che aiuterà il tuo incantesimo di guarigione. Il viola è una candela potente e aiuterà a creare un potente incantesimo di guarigione.

- Un quarzo chiaro pulito o un'ametista. Puoi scegliere quale preferisci qui perché entrambe le pietre sono viste come maestri guaritori. Se non sei sicuro di come pulire le finestre, dai un'occhiata a questo post che abbiamo scritto su come pulire le finestre.

- Una foto della persona per la quale vuoi lanciare l'incantesimo di guarigione. Se non hai una foto, scrivi il tuo nome su un pezzo di carta. Preferisco non fare questo incantesimo per gruppi di persone e cercare di concentrarmi su una sola persona, provare a lanciarlo per più di una tende a diluire il potere dell'incantesimo.

- Olio di cannella

- Olio di eucalipto

- Olio di menta piperita - Tutti e tre gli oli forniscono potenti energie curative e la cannella aumenterà il potere magico del tuo incantesimo. Se vuoi saperne di più su queste piante particolari, dai un'occhiata al nostro Witchepidia botanico.

- Un accendino o fiammiferi

- Un grande piatto o contenitore ignifugo

- Mano di Hamsa, candela e mandala su sfondo blu per l'incantesimo di guarigione

Metodo di incantesimo di guarigione gentile

Raccogli tutti i tuoi ingredienti e trova un posto tranquillo dove lavorare.

Siediti comodamente con i tuoi ingredienti di fronte a te.

Metti la tua foto (o il nome su di essa) al centro del tuo badge ignifugo.

Prendi il tuo cristallo con entrambe le mani e scaldalo brevemente. Mentre lo fai, immagina di impartire energia curativa e amorevole al cristallo.

Posiziona delicatamente il bicchiere sulla foto o sul nome.

Ungete ciascuna delle vostre candele con una goccia di ogni olio.

Prendi le candele e disponile in modo uniforme attorno alla foto e al bicchiere.

Dovrebbero formare un cerchio protettivo attorno alla foto (è difficile formare un cerchio con 4 elementi, ma capisci la deriva). Mi piace sciogliere leggermente la cera sul fondo della mia candela e poi incollarla sul piatto ignifugo in modo che rimanga in posizione verticale.

Accendi ogni candela

Guarda le fiamme delle candele e immaginale che formano un cerchio protettivo di fuoco attorno alla persona amata per mantenerle al sicuro e forti.

Immagina le fiamme che trasformano tutta l'energia negativa nel tuo corpo in una luce curativa, bianca pura e brillante.

Con questo pensiero in mente, chiudi gli occhi e immagina questa luce curativa che fluisce attraverso il cristallo verso la persona amata. Pensatele sane e vitali, piene di energia e raggianti di benessere. Immagina la loro faccia sorridente che ti guarda con amore e gentilezza e pensa a quanto sei felice che si sentano bene e che il loro corpo sia capace e forte. Naturalmente, se stai completando questo incantesimo da solo, immagina quanto ti senti bene nel tuo corpo e pensa che le tue membra siano flessibili, forti e infinitamente capaci. Immagina la luce che riempie ogni parte del tuo corpo o del tuo corpo ed espelle tutto il male dal tuo sistema. Immagina i tuoi polmoni inondati di luce curativa, i tuoi cuori illuminati da una delicata energia curativa e le tue menti veloci e vigili.

Se c'è un tipo specifico di guarigione che stai cercando qui, ora è il momento di dirigere quell'energia di guarigione verso quel particolare disturbo. Supponiamo che tu voglia curare un'emicrania, immagina di inondare la tua testa con questa luce curativa e forzare tutti i segni dell'emicrania fuori dal tuo corpo. Lo stesso se il tuo obiettivo è curare il mal di schiena o l'influenza. Immagina che la luce scacci con forza e decisione il dolore e la malattia e sia sostituita da una luce bianca pulita e sana. Più forte e più a lungo riesci a concentrarti, più è probabile che il tuo incantesimo funzioni.

Quando senti di aver inviato quanta più energia di guarigione possibile, apri lentamente gli occhi e torna in te stesso. Raccontare:

"Con questo incantesimo, invio luce curativa, energia e protezione a (pronuncia il nome qui). Invia questa magica energia e vitalità attraverso il suo/mio corpo e lascia che ti purifichi dai tuoi disturbi. Così sia".

Se puoi, lascia che le tue candele non brucino, oppure spegnile e seppellisci i resti all'esterno o gettali fuori casa.

Ripeti questo incantesimo tutte le volte che vuoi, per quante persone vuoi guarire.

10: Rituali di prosperità

I rituali di prosperità sono spesso confusi con i rituali di denaro e, sebbene non siano esattamente gli stessi, possono essere molto correlati. Pertanto, un rituale di prosperità può aiutare ad avere denaro, anche se non sempre un rituale di denaro può aiutare nella prosperità.

Diamo un'occhiata ad alcuni dei più efficaci che possono essere eseguiti dai principianti:

Rituali di prosperità per principianti

Per fare sogni piacevoli:

Per sognare sogni piacevoli mentre riposi, metti la lavanda vicino al tuo fianco. Dormi con le braccia distese (preferibilmente sulla schiena) e dormi mentre respiri profondamente e ripeti mentalmente:

I sogni sii gentile
I sogni sii saggio
I sogni sono miei
I sogni sono la mente.

Per renderti felice:

Per raggiungere la felicità in te stesso, recita tutte le volte che è necessario:

Ho una parola per te
Per te, cuore triste,
E prega di tenerlo finché l'alba non si avvera
E parte della tristezza.
Non ti ho mai chiesto di decollare
Un'unica cura:
Ma a domani, oh, rimanda...
Metti via la disperazione!

Possesso di denaro

Per entrare in possesso di denaro, prendi le uova di una rondine, falle bollire, riportale nel nido, e se la vecchia rondine porta una radice al nido, prendila, mettila nella borsa o portala in tasca. , e sii felice

Avere sempre soldi:

Per avere sempre soldi, prima uccidi un gallo nero. Poi, a tarda notte, dirigiti verso tre incroci dove è sepolto un assassino. Getta l'uccello morto sopra la tua spalla sinistra proprio in quel momento, nel nome del diavolo, tenendo sempre una moneta in mano. E per sempre, non importa quanto spendi, troverai sempre la stessa somma di denaro intatta in tasca.

Per una lunga vita:

Per una vita lunga e duratura recita:

Ho messo il fascino sul tuo corpo
E della tua prosperità,
Il fascino del Dio della vita
Per la tua protezione.
Il fascino della sposa del re
Indossa il bel collo di Dornghil,
Il fascino che Maria ha messo in suo Figlio,
Tra pianta e gola,
Tra papà e ginocchio,
Tra la schiena e il petto,
Tra il petto e la suola,
Tra occhi e capelli.
Il guanto di Miguel al tuo fianco,
Lo scudo di Miguel sulla tua spalla,
Non c'è nessuno tra cielo e terra

Chi può battere il Re delle Grazie.
Nessuna lancia ti trafiggerà
Nessun mare ti affogherà
Nessuna donna ti tradirà
Nessuno ti farà del male.
Il manto di Cristo stesso su di te,
L'ombra di Cristo stesso su di te,
Dalla sommità della tua testa
Alla pianta dei tuoi piedi.
Il carbone di Dio è su di te ora,
Non conoscerai mai la sfortuna o la calamità.
Uscirai nel nome del tuo Re,
Verrai per conto del tuo capo,
Al Dio della vita ora appartieni completamente,
E a tutte le Potenze insieme.
Ho indossato questo incantesimo lunedì di buon'ora,
In un passaggio duro, rovo, spinoso,
Esci con il fascino del tuo corpo,
E non avere la minima paura di te stesso.
Salirai in cima alla collina
Protetto, sarai dietro di te,
Sei il cigno silenzioso in battaglia,
Preservato, sarai in mezzo al massacro,
Contro cinquecento puoi resistere,
E i tuoi oppressori saranno catturati.
L'incanto di Dio su di te!
Il braccio di Dio su di te!

Rituali di prosperità solo per esperti

Incantesimo di abbondanza per esperti

La prima volta che ho letto un incantesimo di abbondanza, ho pensato che fosse destinato a guadagnare ricchezza, e questo fa parte di esso, ma va più in profondità. L'abbondanza è più della ricchezza. È una vita ricca e piena. Significa che hai più del necessario e lo condividi. Un incantesimo di abbondanza dovrebbe portare denaro, fortuna, gratitudine e felicità. Parte dell'incantesimo potrebbe consistere nel realizzare ciò che già possiedi.

Questo rituale magico delle candele viene eseguito al meglio come una serie di rituali che iniziano con la luna nuova e si svolgono giornalmente o settimanalmente fino alla luna piena. I giorni migliori sono i mercoledì, governati da Mercurio per la fortuna e l'estrazione di denaro. O una domenica, governata dal sole e buona per il cambiamento attivo, la ricchezza e la speranza.

Quando allestisci il tuo spazio rituale, raccogli gli elementi che ti fanno sentire ricco. Indossa abiti che ti facciano sentire felice e sicuro di te. Potresti anche circondarti di foto di amici e familiari. Altre integrazioni facoltative sono elencate alla fine dell'articolo.

Siediti con la candela per un momento e connettiti con essa. Tienilo tra le mani. Medita su ciò che hai ora. In che modo la tua vita è già abbondante? L'abbondanza è duplice. È gratitudine per ciò che hai e l'attrazione di più. Potresti avere tutti i soldi del mondo e non sentirti soddisfatto.

Mentre accendi la candela, parla della vita abbondante che desideri. Sii specifico. Che aspetto ha, sapore, odore e aspetto? Parla e visualizza completamente questa vita. All'inizio può sembrare sciocco, ma quando inizi a parlare, sentirai qualcosa che si libera in te. Mentre parli, lascia che le tue parole fluiscano nella fiamma.

Immaginali come letteralmente combustibile per il fuoco. Tieni la bocca più vicina alla candela senza scottarti. Vuoi che le tue parole e il tuo respiro raggiungano la fiamma. Parla e dai vita ai tuoi desideri.

Dopo che hai finito le parole Siediti per qualche minuto con gli occhi chiusi. Senti questa vita intorno a te. Approfitta di questo posto potente. Questo va un po' oltre la meditazione o la visualizzazione. Voglio che tu senta che sei in questa vita abbondante. Che se avesse aperto gli occhi, sarebbe stato davvero dove voleva essere.

Ora è un ottimo momento per sedersi con la candela e il diario. Potresti riflettere su cosa significa per te l'abbondanza, offrire gratitudine per ciò che hai o scrivere affermazioni. Quando spegni la candela, senti l'energia che si libera nell'aria intorno a te.

Quando la candela è andata, tieni la pietra sul tuo altare o in tasca. La pietra cattura l'essenza del rituale e può fungere da talismano se lo si desidera. Oppure clicca qui per istruzioni su come trasformare la tua candela in un barattolo di incantesimi!

Rituale della luna piena

Ingredienti dell'incantesimo del denaro della luna piena

- 3 monete, preferibilmente monete d'oro, ma in un pizzico funzioneranno anche altre monete.

- Un piccolo specchio, rotondo se riesci a trovarlo. Leggi di più sulla magia dello specchio qui se sei interessato al motivo per cui uso uno specchio qui.

- Un pennarello indelebile

- Olio di cannella (o altra erba del denaro se preferisci)

- Una borsa verde abbastanza grande da contenere lo specchio e le monete.

Metodo degli incantesimi con soldi della luna piena

Raccogli tutti i tuoi ingredienti e trova un posto con la migliore vista della luna per lavorare.

Chiudi gli occhi e fai 5 respiri profondi e calmi, quindi riapri gli occhi.

All'aperto (come ho detto, anche in inverno!) Posiziona il tuo specchio su una superficie dove la luce della luna lo colpisce.

Prendi il tuo pennarello e disegna un simbolo di prosperità al centro del tuo specchio.

Sgocciola un po' di olio di cannella sul dito e disegna un cerchio attorno al tuo simbolo di prosperità. Non aggiungere troppo, quanto basta per creare un cerchio chiaro.

Posiziona uniformemente le tue 3 monete nel cerchio dell'olio di cannella attorno al simbolo della prosperità.

Mentre la luna carica i tuoi ingredienti con una potente energia magica, chiudi di nuovo gli occhi.

Concentrati su ciò che vuoi. Sii il più specifico possibile. Pensa a come ti sentiresti se ottenessi ciò che volevi e concediti quella sensazione. Prova a sentire che il denaro di cui hai bisogno ti è già arrivato. Assorbi quella sensazione il più possibile.

Quando ti sei completamente immerso nella sensazione, immaginala come una luce brillante e irradia quella luce sul tuo specchio.

Concentrati sul canalizzare tutto ciò che vuoi nello specchio e senti il rilascio di energia che ti lascia ed entra nello specchio.

Apri gli occhi e, guardando gli ingredienti del tuo incantesimo, canta:

"Chiedo di sfruttare il potere della luna piena, di lasciare che la sua forza impregni di potere il mio specchio. La cannella si amplifica e mi porta abbondanza, le monete si moltiplicano e scorrono come un fiume nella mia vita. Così sia."

Prendi le tue monete e mettile nella borsa verde, una per una.

Posiziona delicatamente lo specchio sopra le monete e chiudi la borsa.

Conserva la borsa in un luogo sicuro fino a quando i tuoi desideri non saranno stati realizzati.

Ripetere alla prossima luna piena, se necessario. Puoi usare lo stesso specchio e simbolo di abbondanza, ma assicurati di evidenziare il cerchio nello specchio con olio di cannella fresco.

Conclusione

Conoscere la magia bianca è importante, così come la magia in generale. Non devi essere un esperto per voler entrare in questo mondo interessante pieno di misticismo e buone intenzioni, ma se lo sei già, conosci molto bene i vantaggi di ottenere quante più conoscenze possibili su questo argomento.

Quando conosci la magia puoi fare cose buone, sia per te stesso che per gli altri, come insegna la magia bianca.

Non tutte le persone sanno come gestire la magia, ma chiunque sia interessato, con i giusti consigli, può imparare tutto ciò di cui ha bisogno sulla magia, in particolare sulla magia bianca.

Spero sinceramente che il mio libro ti sia stato utile, che tu possa imparare cose interessanti e trovare la tua strada piena di saggezza e buone intenzioni quando si tratta di magia.

Allo stesso modo, ti invito a lasciare un commento sotto forma di recensione di questo libro, i tuoi commenti sono molto importanti per me, grazie mille

Lightning Source UK Ltd.
Milton Keynes UK
UKHW041048211222
414263UK00001B/170